AF862693

La conservation de la biodiversité en zone de conflits

Katcho Karume

La conservation de la biodiversité en zone de conflits

Le barrage Ruzizi III : alternatives et évaluation des impacts environnementaux dans la région des Grands Lacs africains

L'Harmattan

Ma profonde gratitude à l'Université Evangélique en Afrique (UEA) pour le soutien moral, matériel et financier apporté dans la conception, la production, la matérialisation mais aussi la diffusion de cet ouvrage à travers le monde. Il témoigne du ferme engagement de l'ensemble des membres du Comité de Gestion, du Corps Académique, Scientifique et estudiantin de l'UEA sur des questions liées à la protection de l'environnement, la gestion rationnelle et la conservation des écosystèmes en RDC et dans l'ensemble de la région des Grands Lacs

5-7, rue de l'Ecole-Polytechnique, 75005 Paris

http://www.librairieharmattan.com
diffusion.harmattan@wanadoo.fr
harmattan1@wanadoo.fr

ISBN : 978-2-336-30104-4
EAN : 9782336301044

INTRODUCTION

Les forêts humides d'Afrique centrale constituent la plus grande zone de forêts tropicales au monde après l'Amazonie. S'étirant sur plus de 2.000 km, de la côte atlantique du Golfe de Guinée aux plateaux du Rift Albertin dans l'Est de la République démocratique du Congo, elles couvrent environ 1,62 millions de km² partagés entre 8 pays – Cameroun, République centrafricaine, République démocratique du Congo, République du Congo, Gabon, Guinée équatoriale et quelques petites zones au Nigeria et en Angola. Plus de 80 % sont de type guinéo-congolais, avec deux zones de forêt afro-montagnarde distantes de 2.000 km au Cameroun et dans le Rift Albertin à l'Est de la RDC.

Bien que ce vaste ensemble forestier soit communément désigné comme le bassin du Congo, il couvre en fait plusieurs bassins versants (Congo, Sa-naga, Ntem, Ogooué, Nyanga, Niari et Kouilou), le bassin versant du Congo couvrant de loin la plus grande partie. *Grosso modo*, deux tiers des forêts humides d'Afrique centrale sont drainés par le fleuve Congo et 50 % de ces forêts se situent en RDC[1].

L'hydroélectricité est à présent la plus importante des options énergétiques économiquement réalisables et renouvelables dans la région des Grands Lacs africains. La production de l'électricité photovoltaïque et éolienne reste encore plus chère que la production de l'électricité classique. L'énergie géothermique, quoique disponible, n'avait jamais été sérieusement considérée dans le passé

---

[1] UNESCO, *Le patrimoine mondial dans le bassin du Congo 2*, Centre du patrimoine mondial, Paris, 2010.

pour l'extraction. Du côté rwandais, les études de ce type sont avancées et le projet y est prometteur.

Dans la région, la prédominance du secteur résidentiel dans la consommation d'énergie, soit 80 % de l'électricité consommée, fait dudit secteur un élément d'une pertinence capitale dans tout effort de conservation de l'énergie et de la protection de l'environnement qui préoccupe les gouvernements de la région, mais aussi l'ensemble de l'humanité, la zone en question concentrant environ 67 % des réserves forestières mondiales, ce qui en fait un véritable poumon de l'humanité, après l'Amazonie.

Dans la mesure où des stratégies de conservation de la nature couvrant les secteurs résidentiel, commercial et industriel peuvent être immédiatement instituées par les États de la région, la protection de l'environnement et la conservation de la nature pourraient promouvoir le développement des pays concernés, notamment à travers la relance des économies de la région, par la promotion des « emplois verts », mais aussi par la résolution et la prévention des « conflits écologiques » qui affectent sérieusement une grande partie de la planète, plus particulièrement la région des Grands Lacs africains. En effet, force est de constater que les crises cycliques qui affectent profondément les pays de la Communauté économique de la région des Grands Lacs (CEPGL), faisant des millions de victimes depuis des générations, restent essentiellement fondées sur des ambitions effrénées des acteurs en présence, en rapport avec la présence et la gestion des ressources naturelles, lesquelles ressources échappent totalement aux millions de personnes des populations de la région, condamnées à la misère totale, à l'insécurité permanente, aux falsifications de l'histoire, aux humiliations de toute sorte, et dont la cause profonde est à chercher à travers les innombrables ressources naturelles sur leur sol.

Pour combler le déficit observé en fourniture de courant électrique dans la région, un projet de barrage hydroélectrique Ruzizi III a été initié par les pays de la région dans le cadre des objectifs de la Communauté économique des pays des Grands Lacs (CEPGL), à savoir la République démocratique du Congo (RDC), le Rwanda et le Burundi. S'il est vrai que l'aménagement de cet ouvrage reste une nécessité absolue pour la région dont certaines parties ne sont pas fournies en électricité (notamment l'Est de la

RDC avec plus de 90 % de la population vivant sans électricité en dépit du potentiel et des projets hydroélectriques existant depuis les années 1960), il est d'autant plus vrai que, si des stratégies appropriées de prévention de l'environnement ne sont pas mises en place, le développement du projet Ruzizi III s'accompagnera de terribles impacts sur la nature, avec pour conséquence le déséquilibre total des écosystèmes, du mode de vie des populations, avec une forte probabilité de l'aggravation de la famine, des éboulements, des inondations, et de la famine, plus de 80 % des populations de la région survivant grâce et par les apports des forêts équatoriales congolaises.

Fondée sur des recherches et des enquêtes réalisées sur cette question dans la région concernée, essentiellement à l'Est de la RDC dans la province du Sud Kivu, cette publication suggère des pistes de solutions nécessaires à la minimisation des impacts négatifs d'un tel projet sur l'environnement et les écosystèmes. Elle propose des initiatives nécessaires à la conservation de la nature, pour un futur meilleur des générations à venir dans la région, mais aussi dans le monde entier.

Les conclusions ainsi que les recommandations de cette étude se basent essentiellement sur l'évaluation de l'ampleur des impacts environnementaux en conformité avec les normes internationalement admises. Elles se conforment ainsi au rapport de la Commission mondiale des barrages publié (2000), qui comprend également des propositions des politiques opérationnelles de la Banque mondiale en matière de sauvegarde environnementale.

Ces conclusions s'inscrivent dans la logique des exigences de la Banque africaine de développement (BAD) ainsi que sur les exigences spécifiques du Rwanda et de la RDC par rapport à l'Évaluation des impacts environnementaux (EIE), les recommandations de la Conférence internationale sur la région des Grands Lacs (CIRGL) en matière de la protection de l'environnement et des écosystèmes régionaux, mais aussi sur le rapport de la Commission internationale des barrages.

Les principaux impacts négatifs du développement du site hydroélectrique potentiel de Ruzizi III sont essentiellement liés à la détérioration de la qualité de l'eau, à savoir la dé-oxygénation, l'enrichissement en hydrogène sulfuré et l'acidification ou la réduction du pH de l'eau. Ces effets sur la qualité de l'eau sont nuisibles aux habitants vivant en aval du site mais aussi à d'autres vies aquatiques. D'autres effets négatifs seraient d'ordre social et se traduiraient par l'augmentation des maladies transmissibles qui peuvent résulter de la surpopulation (exode rural, déplacés de guerre, etc.) autour des sites. Cependant, avec une planification minutieuse et une mise en œuvre rationnelle du projet, ces impacts négatifs peuvent être minimisés tout en accentuant les aspects positifs qui seraient, entre autres :

1. L'effet sur la production de la biomasse naturelle avec notamment une accentuation préposée du cycle hydrologique régionale et l'amélioration des conditions météorologiques générales pour la croissance des cultures ;
2. L'effet d'épargne sur les résidus agricoles et des excréments du bétail pour la gestion de la fertilité des sols, qui aurait pour conséquence l'accroissement des rendements agricoles par unité de surface et par conséquent la sécurité alimentaire ;
3. L'effet d'épargne sur le temps et le travail consacrés par les femmes à la recherche de bois de chauffage et/ou de l'eau, ce qui peut se traduire par davantage de temps et de main-d'œuvre disponibles pour des pratiques agricoles qui, non seulement augmentent la productivité des champs, mais aussi conservent les ressources naturelles de base pour les générations futures ;
4. La moindre incidence et la gravité des maladies respiratoires comme la bronchite et d'autres risques sanitaires résultant de l'exposition persistante à des environnements pollués par la fumée liée à la brûlure du bois pour la fabrication de la braise nécessaire à la préparation des aliments ;
5. La réduction, à long terme, des gaz à effet de serre suite à l'utilisation de l'énergie électrique en remplacement de l'énergie fossile et de la biomasse ;
6. Le développement de l'industrie du tourisme avec une amélioration concomitante des possibilités d'emploi et des moyens de subsistance.

Premier chapitre

RUZIZI III : ENJEUX ET PERSPECTIVES RÉGIONAUX

Le développement du projet Ruzizi III trouve sa motivation dans la sévère crise de l'énergie à laquelle la région des Grands Lacs africains fait face depuis le début de la décennie. La capacité de production est inférieure aux pointes de la demande et oblige les sociétés nationales à entreprendre une stratégie de délestages quotidiens et programmés, en particulier pendant la saison sèche (Kachelewa M. *et al.*, 2007 ; Simonis Philippe (GTZ-SEP Moroco), 1997, World Bank, 2001 ; Karume K., 2010).

La crise énergétique est un frein au développement économique du pays et fait obstacle à la réalisation des objectifs de réduction de la pauvreté (World Bank, 2000 ; ADB, 2009 ; Electricity Authority of Cambodia (EAC), 2008 ; International Energy Agency (IEA)).

Les gouvernements de la région ont fait de l'augmentation de la capacité de production électrique une priorité nationale.

Une première étape a été la mise en service des centrales thermiques au fuel (essentiellement au Rwanda et au Burundi). Une centrale thermique au gaz sur le site de Kibuye est également en cours d'étude et devrait être mise en service dans les prochains mois après les deux centrales expérimentales de Gisenyi.

Le potentiel hydroélectrique de la RDC vient en première position en Afrique ; par contre, seul un faible pourcentage dudit potentiel est exploité à ce jour. Plus de 1/10e du potentiel hydroélectrique, estimé à plus de 120 TWh par la Société nationale d'électricité (SNEL) est situé sur le bassin de la Ruzizi (Karume K., 2010).

Le développement de ce potentiel est un choix politique des gouvernements des pays de la CEPGL. Le développement du projet de la Ruzizi III est un élément majeur de cette politique car il permet de valoriser les aménagements existants et à venir sur la Ruzizi.

Concertation et consultation des populations

La concertation avec le public est une des dimensions importantes des EIE. Cette concertation doit être menée à différentes étapes du processus pour être complète et faire l'objet de comptes-rendus formels (Shichun Z., 2009 ; Allen D. *et al.*, 2008 ; Allen D. *et al.*, 2008 ; Pham Trong Thinh, 2009 ; Corazón M. Siddayoo, 1990, 1994 ; Goodland R. et Edmurdson V., 1994).

La politique environnementale de nombreuses banques accorde des principes appelés « Principes équateur ». Dans le cadre du financement des projets privés, les établissements financiers qui appliquent les Principes équateur (EPFI) s'assurent que les projets sont réalisés d'une manière socialement responsable et respectueuse de l'environnement (The Equator Principles, 2006 ; International Finance Corporation, 2006 ; Walmsley B. et Tshipala K.E., 2007).

Ainsi, les impacts négatifs sur les écosystèmes et les communautés affectés par le projet sont à éviter autant que possible. Si certains ne peuvent pas être évités, il faut les réduire, les atténuer et/ou assurer une compensation adéquate (The Equator Principles, 2006).

Les méthodes permettant d'atteindre ces objectifs sont essentiellement définies par les directives de la Banque mondiale/IFC.

Enfin, il est rappelé ici que parmi les standards de la Banque mondiale et les priorités de la Commission mondiale des barrages, il est demandé aux prestataires d'observer la procédure suivante :

- L'obtention de l'accord du public ;
- La reconnaissance des droits et le partage des avantages. Le barrage et la retenue occuperont une grande zone qui appartient traditionnellement aux populations riveraines et serait utilisée par elles.

Ce thème est donc central dans les études thématiques, et entre de ce fait en relation étroite avec la quasi-totalité des autres thèmes.

À cet effet, les différents points suivants ont été analysés : l'identification des échelles d'intervention, l'information et la sensibilisation, l'organisation des populations sur place et l'identification des besoins en encadrement des populations. Ces différentes approches avaient pour but de :

- Recenser les souhaits des populations riveraines du projet en matière de développement ;
- Intégrer les contraintes de développement de la zone pour proposer des projets, des équipements et des renforcements institutionnels en rapport avec les besoins et les capacités réelles des secteurs concernés ;
- Informer et sensibiliser les populations sur le projet comme condition de base des EIE.

Des échanges ont été effectués avec les différents groupes de la région (les populations dans les villages, les autorités traditionnelles, les administrations ainsi que les ONG).

Les consultations publiques ont été essentiellement basées sur l'organisation de réunions d'information et de concertations tout au long du processus d'étude :

1. Les ateliers de lancement organisés par l'équipe de direction et une partie des consultants locaux ;
2. Les réunions de travail tout au long du processus d'étude réalisées par les experts en charge du thème « Consultation-encadrement des populations » dans toutes les localités de la zone du projet ;
3. Les réunions de restitution dans les villages réalisées par les experts en charge du thème « Consultation-encadrement des populations » ;
4. Les ateliers de restitution par l'équipe de direction et une partie des consultants thématiques ;
5. L'atelier final de restitution organisé à Bugarama (Rwanda) à la frontière avec la province du Sud Kivu (RDC).

Photo de Laurence Wilhelm

La concertation avec les populations s'est basée sur une explication préalable du projet sous une formulation assimilable (langue vernaculaire, photos, schémas, cartes simplifiées, etc.). En complément des informations données par les autorités et les élites locales, les consultants ont assuré la diffusion de l'information sur le projet et la concertation auprès des populations directement dans les villages.

La consultation des populations a été faite à travers des réunions et par le dépôt de registres d'enquête publique accompagnés d'une carte du projet dans les villages. Selon l'objectif, les réunions ont été plus ou moins formelles et complètes, le déroulement d'une réunion de consultation type se présentait comme suit :

- L'explication détaillée du projet (calendrier, construction du barrage, remplissage de la retenue, impact attendu de la retenue sur la pêche, l'agriculture, l'élevage, projets de développement associés) ;
- La session de questions-réponses ;
- La discussion concernant les craintes et les attentes soulevées par la population (avec résumé approuvé à l'issue de la réunion) ;

- La discussion concernant les aspects socio-économiques du village : origine et historique du village, techniques et zones utilisées pour l'agriculture, la pêche, la chasse, la cueillette et l'élevage, équipements communautaires (éducation, santé, eau, religion), sites sacrés.

Afin de garantir la qualité des échanges avec les populations, les points techniques et méthodologiques suivants ont été respectés au cours de ces réunions :

1. S'assurer de la cohérence du temps consacré aux réunions par rapport aux demandes des populations et veiller à ce que des informations suffisantes soient données ;
2. S'efforcer de clarifier toutes les informations sur la mise en œuvre du projet ;
3. Encourager la participation (y compris celle des femmes), les commentaires et le retour d'informations de la population locale ;
4. Répondre aux questions pour lesquelles les représentants du projet ou les consultants avaient des réponses claires. S'engager à fournir des réponses dans un laps de temps imparti.

Pour les autres questions :

5. S'assurer de la bonne compréhension des villageois, noter et traiter systématiquement leurs commentaires ;
6. Préciser clairement que le projet ne pourra pas répondre à toutes les demandes (collectives ou individuelles) exprimées ;
7. S'adapter à la culture locale et prendre en compte les priorités locales lors des réunions ;
8. Faire un rapport sur les commentaires recueillis.

Mission de restitution de l'EIE dans les villages

Entre le 29 avril 2009 et le 17 août 2010, seize réunions de restitution d'EIE ont été organisées dans les grands villages autour du site proposé pour l'érection du barrage de Ruzizi III. Lors de ces réunions, des études d'impact ont été expliquées et des discussions engagées entre les populations et des représentants du projet. Au total, 1487 personnes ont assisté aux 16 réunions. 22 % des participants et intervenants étaient des femmes.

Les réunions ont été traduites simultanément dans une ou deux langues locales de la zone : le swahili, le mashi ou le kinyarwanda. Plus de 200 questions ont été posées lors des réunions, les thèmes les plus souvent abordés étaient l'emploi, la compensation (les mises en valeur à compenser ainsi que les tarifs d'indemnisation), l'électricité, l'eau potable, la santé, la pêche et l'agriculture.

Caractéristiques de la région du projet

La zone du projet est située dans la zone caractérisée par un climat généralement qualifié de « subéquatorial de type guinéen » à pluviométrie bimodale.

La zone du projet a une très grande densité de population. La qualité de l'air dans la zone du projet n'est affectée par aucune source de pollution significative et peut être qualifiée d'excellente.

Photo de Laurence Wilhelm

Actuellement, la région des Grands Lacs éprouve un déficit d'électricité sans précédent d'approximativement 135 MW, résultant des délestages massifs des charges chaque nuit, dùs à des investissements inadéquats (coût élevé) dans la génération et à une augmentation relativement élevée de la charge (Karume K., 2010 ; WCD, 2000 ; Banque mondiale, 2003). Cela a forcé la population de la région (consommateurs) à avoir recours à l'installation de générateurs thermiques très chers, pendant qu'on attend la construction et le commissionnement des projets de 145 MW Ruzizi III et de 250 MW Ruzizi IV comme une des stratégies pour réduire le déficit et aussi pour une longue diversification en termes de sources de génération (J. Favennec *et al.*, 2009 ; Karume K., 2010).

Le besoin actuel en énergie est estimé à 235 MW avec un risque de doubler ou de tripler à l'horizon 2015, mais la production actuelle avoisine 100 MW. L'électricité est actuellement produite principalement par les centrales hydro-électriques et des générateurs diesels (comme à Kigali et à Bujumbura).

L'électricité est principalement disponible dans les zones urbaines, mais le taux de connexion des maisons est seulement de moins de 10 % pour la région entière, et seulement 1 % pour les ménages ruraux (Karume K., 2010).

Si rien n'est fait à l'état actuel des choses pour combler le déficit énergétique qui sévit dans la région, les gouvernements de la région devront affronter quatre défis majeurs pour satisfaire les besoins en énergie de leur population (J. Favennec *et al.*, 2009 ; Banque mondiale, 2003 ; Ranganathan V., 1992), à savoir :

- Un déficit sans précédent de la provision en électricité sur le réseau interconnecté. Cela devrait nécessiter l'installation de 100 MW d'urgence, génération thermique diesel, qui devra être suivi par un autre de 50 MW, pour combler le déficit ;
- La montée du prix du carburant sur le marché international qui impose un fardeau lourd sur l'économie et contraint les budgets des consommateurs individuels ;
- Rendre l'électricité accessible à la population rurale, à travers l'extension du réseau et des mini-réseaux, vu que le niveau d'électrification est très bas. Cela demande des approches alternatives pour supporter la transformation rurale et rencontrer les Objectifs du millénaire pour le développement (OMD) (AES-Sonel, 2003 ; Coyne et Bellier, 2002 ; Clark C., 1999 ; Ministry of Energy and Mineral Development (MEMD), 2001). La génération à petite échelle d'énergie

renouvelable qui utilise des minimicro/pico centrales, systèmes PV, éoliennes et biomasse, peut produire la provision nécessaire pour de petits centres, mais le développement de Ruzizi III restera une obligation.

- Le quatrième défi est l'accomplissement de l'engagement des gouvernements des pays de la région d'assurer la réduction des émissions de gaz à effet de serre, sous le Protocole de Kyoto, et de contribuer à la lutte globale contre le changement climatique (World Commission on Dams, 2000).

Les défis précités devraient inciter les gouvernements des États concernés (Rwanda, Burundi, RDC) à considérer une façon plus rapide et compréhensive pour introduire des sources d'énergie renouvelables, comme alternatives ou suppléments aux sources conventionnelles.

Deuxième chapitre

POLITIQUES NATIONALES DE PROTECTION DE L'ENVIRONNEMENT

La politique rwandaise aborde les principales préoccupations environnementales dans plusieurs secteurs et notamment celui de l'énergie (Rwanda Environment Authority, 2009 ; Walmsley B. et Tshipala K.E., 2007).

Ses objectifs principaux consistent à améliorer le bien-être des populations, à protéger les ressources naturelles, à protéger et à gérer rationnellement les écosystèmes pour un développement durable.

Les principes majeurs de cette politique sont :

- Le principe de prévention et le principe du pollueur-payeur afin d'encourager la promotion des technologies moins polluantes pour le stockage et l'élimination de produits et/ou de déchets industriels ;
- L'analyse systématique des impacts environnementaux de tout projet ou programme de développement ;
- La protection du sol contre toute forme de dégradation et sa conservation ;
- L'établissement de mesures de protection des bassins versants afin d'empêcher la dégradation des zones humides ;
- L'accroissement de la distribution d'énergie tout en minimisant les impacts négatifs sur l'environnement et l'assurance de la conformité avec les mesures de protection de l'environnement dans le développement des infrastructures ;

- La diversification et l'utilisation de sources d'énergie alternative autres que la biomasse, notamment l'énergie hydroélectrique.

Actuellement, la base de la loi congolaise provient encore des anciennes lois coloniales (P.R. Oyono et F. Lelo Nzuzi, 2006). Le 18 janvier 2006, avec la promulgation de la Troisième République, certains principes de base ont été posés (P.R. Oyono et F. Lelo Nzuzi, 2006 ; Walmsley B. et Tshipala K.E., 2007). Par exemple, en ce qui concerne la protection de l'environnement, l'article 53 de la Constitution congolaise spécifie que tous les citoyens ont droit à un environnement sain et propice à leur épanouissement et que les pouvoirs publics et les citoyens ont le devoir d'assurer la protection de l'environnement, dans les conditions définies par la loi.

Actuellement, il n'existe aucune loi spécifique sur la protection de l'environnement et aucune étude d'impact environnemental en République démocratique du Congo (Walmsley B. et Tshipala K.E., 2007). Cependant, un texte de législation spécifique est actuellement en cours d'élaboration. Ce texte devrait intégrer une réglementation concernant la nécessité, voire l'obligation d'effectuer des études d'impacts sur l'environnement comme préalable à toute initiative s'inscrivant dans le cadre de l'exploitation des ressources naturelles de la RDC.

Ce livre s'inscrit dans cette logique, en ce sens que son cheminement a suivi un certain nombre d'étapes, à savoir :

1. Les impacts ont été évalués selon leur portée spatiale, leur durée, leur intensité, leur caractère réversible ou irréversible, les cibles potentielles et leur sensibilité ;
2. Le choix des variantes les plus pertinentes au regard de la protection de l'environnement et des intérêts des populations locales a été considéré ;
3. L'identification et la caractérisation des éventuels impacts résiduels qui sont susceptibles de s'exprimer, malgré la mise en place de mesures, ont été faites ;
4. La définition de mesures de prévention, d'atténuation, de compensation a aussi été faite.

Enfin, la caractérisation des impacts a permis de dégager les mesures visant à annuler, prévenir, atténuer ou compenser les effets négatifs du projet en respectant les aspects méthodologiques suivants :

1. Pour l'ensemble des impacts négatifs, l'identification systématique des réponses en appliquant le principe de précaution ;
2. La caractérisation, la localisation et la quantification de chaque mesure, y compris l'analyse des alternatives possibles ;
3. L'analyse de la faisabilité des propositions (réglementaire, technique, financière, etc.) et la mise en cohérence des mesures ;
4. L'analyse des éventuels effets négatifs des mesures proposées et l'identification de méthodes de traitement.

La définition des mesures proposées s'est appuyée sur :

- L'expérience des consultants en matière de grands barrages et de protection de l'environnement ;
- Les observations faites sur les autres retenues de la région ;
- L'exploitation des données numériques et cartographiques du Système d'information géographique (SIG) ;
- Les résultats des consultations publiques.

Troisième chapitre

ALTERNATIVES ENVISAGEABLES À RUZIZI III

Un facteur-clé pour assurer la croissance économique du pays et améliorer le niveau de vie de la population est une alimentation adéquate en électricité (Davis M. et Horvei T., 1995 ; World Bank, 2000, 2001 ; UIPE, 2000 ; Sundqvist T., 2002 ; ADB/APEC, 2009a).

La variante « sans projet » est donc un scénario non réaliste à rejeter si l'on veut répondre à la demande en énergie dans les trois pays de la zone CEPGL, à savoir le Rwanda, le Burundi et la RDC.

Ici, nous discutons de quelques variantes au projet de Ruzizi III qui sont possibles dans la région concernée par le projet.

1. Centrale solaire photovoltaïque

Premièrement, malgré une radiation solaire suffisante variant entre 2,85 et 7,65 kWh/m^2/jour, le coût des panneaux est encore très élevé. Deuxièmement, le stockage de l'énergie est coûteux et complexe, car la production est irrégulière (Marquet C. *et al.*, 1998).

La taille des installations sera inadéquate ; il faut en effet des grandes superficies de panneaux solaires pour produire de l'énergie de l'ordre de celle que produirait Ruzizi III. L'énergie solaire n'est pas compétitive lorsqu'il s'agit de production importante d'énergie (De Gouvello C., 1994 ; Benallou A. et Rodot M., 2002).

Le coût élevé à la fois des panneaux solaires, mais également des installations nécessaires comme les moyens de stockage de l'énergie ne plaide pas, pour le moment, au bénéficie du solaire comme alternative à Ruzizi III.

2. Centrale solaire thermique

Alors qu'avec le photovoltaïque, le courant est produit directement par les rayons solaires, dans les centrales solaires thermiques, le courant est produit par le biais d'une turbine à vapeur conventionnelle (Matsuzaki H. *et al.*, 1996). La concentration de la lumière du soleil en un seul endroit à travers des miroirs permet d'obtenir les températures voulues. Les centrales solaires thermiques requièrent un rayonnement solaire direct et régulier. Les irrégularités de rayonnement sont compensées par un réservoir de chaleur ou par des agents énergétiques supplémentaires (J.P. Bedecarrats et J.P. Dumas, 1996).

Un autre système utilise des miroirs incurvés face au sud dans l'hémisphère nord, munis d'un tube rempli d'un fluide qui s'échauffe aux rayons du soleil concentrés par le miroir. Le liquide est en général de l'eau qui, surchauffée par l'énergie thermique solaire, est conduite jusqu'à une turbine à vapeur (Jaumotte A., 1941).

Un autre appelé « tour solaire » utilise l'énergie solaire pour chauffer l'air contenu dans une immense serre. L'air chauffé est alors plus léger et monte dans une cheminée où sont actionnées des turbines (Abdelhamid Belghit *et al.*, 1997).

Il présenterait cependant les inconvénients suivants :

1. Le problème de base de ce type de centrale électrique est que l'énergie solaire est en quantité relativement faible et elle n'utilise que la chaleur rayonnée (rayonnement infrarouge). La densité de puissance est faible, mais bien supérieure à celle du photovoltaïque ;
2. Par ailleurs, la production est intermittente (intermittence journalière jour/nuit et saisonnière) et localement imprévisible à moyen terme (aléa météorologique). Pour réduire l'intermittence jour/nuit, voire permettre une production 24h/24, les centrales les plus modernes (comme Andasol en Espagne) sont équipées de réservoirs permettant de stocker du fluide porteur chaud (M. Arkoub et R. Alkama, 2009).

Les équipements de chauffage solaire sont simples à installer et fiables. C'est une technologie éprouvée sur le continent. Les chauffe-eau solaires sont aujourd'hui d'un bon rapport qualité-prix. Ils permettent des économies de 40 à 60 % en moyenne annuelle.

Malgré les avantages précédemment cités, le chauffage solaire ne peut constituer une alternative à Ruzizi III compte tenu des énergies à mettre en œuvre et du déficit auquel la région fait présentement face.

3. Centrale marémotrice, hydrolienne ou maréthermique

En ce qui concerne le site du lac Kivu et la rivière Ruzizi, les obstacles suivants jouent en sa défaveur :

1. Les moyens à mettre en œuvre sont lourds et demandent beaucoup d'entretien ;
2. La densité de puissance est très élevée, si l'on se reporte uniquement à la surface occupée par le barrage lui-même, mais très basse si l'on compte la superficie recouverte par le lac de retenue ;
3. Leur implantation sur ce site aura généralement de forts retentissements sur les écosystèmes locaux.

4. Centrale géothermique

L'énergie géothermique est l'une des sources possibles d'énergie renouvelable alternatives dans la région des Grands Lacs africains, qui peut suppléer les autres sources d'énergie. Un de ses avantages majeurs est qu'elle est écologiquement respectueuse et multidisciplinaire dans les usages, d'autant plus qu'elle peut supporter plusieurs activités de développement, de la production au traitement des matières premières, comme les minéraux et les produits alimentaires agricoles (J.C. Tirel, 1979).

Les investigations géothermiques rapides dans la province du Sud-Kivu ainsi qu'au Rwanda ont identifié plus de quatre sites potentiels pour l'exploration détaillée future. Ils sont tous situés dans les territoires de Kabare à Katana, de Walungu à Nyangezi et de Fizi, ainsi qu'autour de la chaîne des volcans du Virunga à la frontière entre le Nord-Kivu (RDC), mais aussi au Rwanda. Ils sont basés sur des estimations récentes et sont tous classifiés comme cibles potentielles pour le développement géothermique. La capacité de l'énergie géothermique totale n'a jamais été estimée. Disons que pour les sites rwandais, les études sont en cours avec l'aide du Kenya qui est leader en géothermie en Afrique.

Ces sites potentiels pour la production de l'énergie géothermique comme alternative à la centrale hydroélectrique de Ruzizi III présentent les obstacles suivants :

1. La profondeur de forage reste importante, ce qui entraînera un fort coût d'investissement ;
2. Il existe un risque de remontée de magma.

Les investisseurs laisseront pour l'instant les géologues rechercher des zones ayant des caractéristiques favorables avant d'entamer ce genre de projet. Mais, quoi qu'il en soit, l'énergie géothermique coûterait cher compte tenu de la distance par rapport au site et de l'investissement à réaliser pour l'extraire. Disons néanmoins qu'il ne s'agit pas d'une énergie entièrement inépuisable, dans le sens où un puits verra un jour son réservoir calorifique diminuer.

5. Centrale éolienne

L'analyse des données météorologiques dans la région indique des vitesses de vent comprises entre 1,9 et 4,5 m/s. Ces faibles vitesses de vent ne font pas de l'éolienne un candidat pour la production d'importantes quantités d'énergie, à moins qu'on ne monte très haut en utilisant des pylônes robustes et chers (Y. Pannatier, 2010). L'éolienne dans la région est favorable à des applications exigeant la mise en œuvre de faibles énergies, telles que le pompage d'eau, l'irrigation, etc. (Y. Pannatier, 2010).

Sur le site de Ruzizi III, les problèmes suivants sont à entrevoir :

1. La variabilité de la production : la production de l'éolien dépend d'un vent aléatoire ;
2. Les nuisances sonores provoquées par les pales des éoliennes et leurs frottements ;
3. L'investissement devra être important : de l'ordre de 1,6 M€/MW ;
4. Le système devra s'intégrer dans l'environnement : les éoliennes sont visibles et il faut assurer une bonne intégration paysagère et sociale.

Ceci ne pourra aucunement constituer une alternative à la centrale hydroélectrique de Ruzizi III pour la simple raison que les investissements à faire seront plus importants pour des résultats aléatoires.

6. Cogénération

La production d'énergie est indépendante des conditions météorologiques, la source d'énergie peut être (dans une certaine mesure) facilement stockée et la puissance unitaire des centrales peut être très élevée. On fait de la cogénération lorsque l'on a besoin, à un endroit déterminé (agglomérations, industries chimiques, serres...), de chaleur en grande quantité. Il est intéressant de créer une centrale thermique qui produit de l'électricité et dont le circuit de refroidissement sert de source de chaleur pour l'application désirée (V. Havelský, 1999). Le caractère très centralisé des centrales et la dépendance au réseau électrique THT les rendent vulnérables. On ne peut donc pas considérer cette option en remplacement du projet Ruzizi III.

7. Centrales nucléaires

La technologie au stade actuel semble être maîtrisée. En effet, les centrales nucléaires produisent environ 15 % de l'électricité mondiale. Elles engendrent des déchets radioactifs, mais n'émettent pas de gaz carbonique (CO_2) comme les centrales conventionnelles à flammes, bien que tout risque d'accident ne puisse être exclu. Dans une région comme celle de la CEPGL, avec de fortes concentrations de populations, cet élément rend le nucléaire moins recommandable en présence d'une alternative comme l'hydroélectricité. En cas d'accidents graves, les pays de la région ne disposent pas de mécanismes de gestion ni de prévention des catastrophes (à part sur papier, avec notamment les mécanismes prévus à cet effet par la CIREGL), ce qui conduirait à des pertes multiples, surtout humaines. Ce qui vient de se passer au Japon avec la catastrophe de Fukushima et, avant cela, la catastrophe liée à l'exposition de l'usine d'AZF de Toulouse en France ou, encore, dans le même pays, les inquiétudes suscitées par des centrales nucléaires vieillissantes comme celle de Fessenheim en France, démontrent la difficulté qu'auront les gouvernements de la région à contenir une éventuelle catastrophe qui viendrait d'une défaillance d'une centrale nucléaire.

8. Biocarburants

Les biocarburants sont produits à base de plantes qui doivent être cultivées. Cela requiert des terres, alors que les surfaces agricoles sont limitées dans la région. On sera donc amenés à réduire la production alimentaire pour produire les biocarburants. Ceci entraînera une flambée des prix alimentaires, mais aussi une insécurité alimentaire grave (S. Tangermann, 2007 ; Erwan Cheneval, Ariane Adam-Poupart et Joseph Zayed, 2011 ; Runge F.C. et B. Senauer, 2007 ; De La Torre Ugarte D., L., He, 2007)[2].

Les biocarburants de seconde génération peuvent être produits à partir de résidus agricoles. Ceux-ci ne réduisent en aucun cas la surface attribuée aux plantes alimentaires, et les deux activités deviennent complémentaires. Malheureusement, la région ne dispose pas de grandes quantités de terres agricoles pour servir à cette fin. L'option est donc rejetée comme alternative à Ruzizi III. Et si nous étions amenés à la considérer, il en résulterait une déforestation massive pour pouvoir cultiver des champs et donc se fournir (Biney A., 2009 ; S. Tangermann, 2007).

En plus, les biocarburants ne sont pas cette solution miracle que nous attendions tous. Ils ont un coût environnemental et social que beaucoup ne soupçonnent pas (Erwan Cheneval, Ariane Adam-Poupart et Joseph Zayed, 2011 ; Howarth R.W. et S. Bringezu, 2009).

---

[2] Il est important ici de dénoncer l'exploitation, aux dépens des populations rurales et des cultures de première nécessité au Sud-Kivu (RDC), depuis quelques années, des centaines d'hectares de terres dans les localités de Cibeke (territoire de Ngweshe) et de Birava (territoire de Kabare) par des familles d'anciens colons établis dans la région pour la production de la plante *jatropha*, à des fins purement commerciales, avec les appuis des milieux européens (UE, etc.). Les paysans concernés par ces expropriations, qui ne disent pas leur nom, ne savent rien de ces cultures imposées par des familles belges comme les Vandewalle, etc., qui, au passage, profitent de la faiblesse des institutions, de la misère des populations, pour préparer du carburant de demain sur des terres pourtant destinées aux cultures vivrières, auxquelles les populations ne savent plus s'adonner, faute de terres disponibles. L'État doit prendre ses responsabilités face à ce genre de situation.

9. Système hybride solaire-éolienne

Un kWh fourni par une éolienne est beaucoup moins cher que celui fourni par un panneau solaire. Par contre, le solaire, lui, est moins coûteux en entretien et offre une complémentarité intéressante. La combinaison de deux systèmes permet notamment d'augmenter la fiabilité du système général en intégrant un seul système de batteries pour alimenter en énergie les installations (D. Saheb-Koussa *et al.*, 2009 ; D. Saheb-Koussa *et al.*, 2010). Objectif : obtenir une production plus constante et régulière en cas de surproduction et augmenter la capacité de stockage d'énergie.

Malgré les avantages précédemment mentionnés, compte tenu de la demande en énergie dans la région, ce système demeure une option extrêmement coûteuse. Il demanderait beaucoup de terres pour sa mise en œuvre et ne pourrait en aucun cas constituer une alternative à l'hydroélectricité. Il serait plutôt intéressant si on le développait de manière complémentaire avec le barrage de Ruzizi III. Il servirait par exemple à pomper l'eau pour remplir le réservoir de la centrale.

10. Bois

En général, les ménages ruraux ramassent le bois dans les villages environnants, pendant que le bois et le charbon de bois utilisés dans les zones urbaines sont transportés dans les villes et sont vendus (Karume K., 2010). Avec les prix variant dans la gamme de 12 à 30 euros par *toe*, la rareté du bois dans la région et la déforestation qui résulterait de son usage massif rendent cette alternative irréaliste.

11. Résidus agricoles

Les données portant sur la quantité de résidus agricoles dans la région ne sont pas disponibles. Et même dans l'hypothèse d'une grande quantité disponible, ces résidus seraient dispersés sur plusieurs sites distants l'un de l'autre. La collecte de ces derniers rendrait l'opération complexe et n'assurerait pas la continuité dans l'approvisionnement (Allard J.-L. *et al.*, 1983). Les sites à considérer sont les différentes sucreries dans la région. Mais là aussi ces résidus, non seulement ne seraient disponibles que seulement pendant les périodes de campagnes de récolte, mais aussi, tous ensemble, ils ne pourraient pas produire une puissance d'environ 145 MW que produira Ruzizi III.

12. Charbon

Le charbon n'est pas utilisé dans la région et aucune étude n'a été faite jusque-là pour déterminer les sites où on pourrait en extraire.

13. Générateurs Thermiques

Le prix du kérosène a augmenté ces dernières années et maintenant, il se stabilise autour de 810 euros par *toe* (Bukavu). Ce secteur d'énergie utilise de rares ressources en devises générées par les pays. Ces devises sont utilisées dans l'importation des produits pétroliers et matériels d'entretien en rapport avec ce sous-secteur de l'énergie. Ce secteur est à l'origine d'une grande partie de la dette extérieure contractée par les pouvoirs publics et utilise une grande portion de l'aide que les pays reçoivent (World Bank, 2000 ; M. Norro, 1998). L'expérience de Kigali n'est guère encourageante et laisse penser que les générateurs thermiques ne sont pas une alternative sérieuse à Ruzizi III.

De plus, les centrales thermiques à flammes produisent du dioxyde de carbone (gaz à effet de serre), des oxydes d'azote et de soufre et d'autres polluants (poussières, métaux lourds, dont le mercure, le dioxyde de soufre, etc.) contribuant aux smogs photochimiques, à la production d'ozone troposphérique et à des pluies, des brumes et des brouillards acides (L. Varfalvy et Z. Jegier, 1974).

Les centrales thermiques présentent quelques avantages par rapport aux aménagements hydroélectriques : les frais d'investissement par kW sont moindres ; il est possible de fournir plus vite de l'électricité car les délais de construction sont plus courts, et de choisir le site d'implantation de sorte à limiter autant que possible les impacts sociaux et environnementaux.

Cependant, les centrales thermiques dépendent des livraisons de combustible de l'étranger et sont soumises aux incertitudes liées à la disponibilité et au développement du prix du combustible sur le marché mondial.

De plus, en considérant le potentiel hydro énergétique que propose la vallée de la Ruzizi, avec un potentiel estimé à environ 500 MW, il serait dommage de ne pas le mettre à contribution pour concevoir des ouvrages de production d'énergie renouvelable, diversifiant ainsi le parc énergétique de la région.

14. Gaz

Le gaz méthane dissous dans le lac Kivu, dont le contenu est estimé à 56 km^3, constitue une quantité énorme qui pourrait couvrir théoriquement les besoins en énergie de toute la région pour les 25 années qui viennent (Klaus Tietze *et al.*, 1980 ; Richard P., 1973). Celui-ci peut être considéré comme une alternative sérieuse à la centrale hydroélectrique de Ruzizi III. Seulement, les expériences des microcentrales déjà installées sur le lac Kivu, notamment KP I et RIG (Rwanda Investment Group) ont montré tout d'abord que la technologie n'est pas encore assez bien maîtrisée, et aujourd'hui, on cherche en vain des repreneurs. Ensuite, par exemple pour le cas de KP I, 40 % de l'énergie produite est utilisée pour son propre fonctionnement. On peut dire, sans risque d'être contredit, que le projet est un fiasco et il n'y a pas lieu, dans l'état actuel des choses, de considérer cette alternative au projet Ruzizi III.

15. Biogaz

Dans un contexte de demande en termes de centaines de mégawatts, comme c'est le cas dans la région, le biogaz reste loin d'être considéré comme une alternative à Ruzizi III. Mais signalons en passant que la région possède une expérience en biogaz. Au Rwanda, KIST (Kigali Institute of Science and Technology) en a installé un bon nombre à travers le pays avec succès. Mais ceci concerne des demandes d'énergie très faibles relevant davantage d'une démonstration que d'un business.

16. Déchets en énergie

Les déchets municipaux dans la région sont généralement composés de carbone liquide et d'azote, matières riches qui renferment, entre autres, les déchets organiques de ménages, des déchets agro-industriels (abattoirs, industries alimentaires) et les déchets agro : engrais et paille. Il y a une abondante quantité de déchets municipaux (à la fois solides et effluents d'eaux d'égout) qui n'est pas actuellement utilisée pour la production d'énergie. La ville de Bukavu, à elle seule, produit des déchets estimés à 18.250 tonnes (Bagalwa M. *et al.*, 2012) annuelles de déchets solides. Les autres municipalités produisent aussi des quantités considérables de déchets, mais n'ont pas mis en place des plans de gestion adéquate des déchets. Plus de 70 % des déchets solides municipaux sont des matières végétales (principalement des restes de nourriture). Les pratiques consistant à brûler ces déchets à l'air libre, ou à les décharger dans les dépotoirs sans extraction de leur contenu d'énergie ont pour conséquences, non seulement, un gaspillage d'énergie, mais aussi des risques pour l'environnement, étant donné que le brûlage n'est pas contrôlé et que les dépotoirs sont pauvrement gérés (Bagalwa M. *et al.*, 2012).

Cette matière combustible des déchets peut être utilisée pour la génération de l'électricité comme cela a été tenté à Kigali. La matière organique incombustible peut être fermentée pour produire le biogaz. Le biogaz peut être utilisé comme combustible domestique, pour les véhicules et la génération du courant.

Ces matières peuvent être converties en biogaz pour la cuisson et l'éclairage au niveau domestique, ainsi que pour les laiteries et les porcheries commerciales au niveau industriel. Le biogaz peut être utilisé dans les turbines à gaz pour produire de l'électricité et de la chaleur dans la technologie de cogénération.

Le déchet issu du digesteur est riche en azote, phosphore, potassium et humus, et peut être utilisé pour remplacer les engrais importés et augmenter ainsi la productivité agricole dans les fermes.

En plus des déchets municipaux, il y a d'énormes quantités de déchets industriels, comme des grains utilisés dans les brasseries, qui peuvent être utilisés pour la génération du courant.

Comme on peut le constater, c'est une technologie qui s'apprête bien aux systèmes de faible demande et isolés.

17. Amélioration de la gestion de Ruzizi I et II (réhabilitation, gestion convenable)

Dans la région des Grands Lacs, le secteur résidentiel dans la consommation d'énergie prédomine (80 % d'électricité totale sont consommés par ce secteur), ceci fait qu'il constitue le premier candidat immédiat pour les mesures de conservation d'énergie (Karume K., 2010). Si des stratégies de conservation qui couvrent les secteurs résidentiel, commercial et le sous-secteur industriel sont vite instituées, le résultat pourrait être un gain et constituer une alternative évidente à l'augmentation de la génération.

Les solutions envisagées pour réduire les perturbations devront être orientées vers la réduction du délestage, et cela pourrait être possible si le déficit de puissance électrique qui caractérise la desserte énergique de la région est comblé. D'où l'intérêt d'apporter des solutions techniques adéquates. Par exemple, réhabiliter et moderniser les installations existantes, d'une part, et, d'autre part, avoir recours à d'autres sources d'énergie primaire, essentiellement les énergies renouvelables en ce qui concerne la production, tandis qu'au niveau de la distribution, il faut initier des travaux d'assainissement du réseau et d'implantation de plusieurs cabines de décharge, et multiplier les points de dépannage à travers la ville et les villages environnants.

Le lotissement continuant dans plusieurs secteurs, une extension du réseau devra être envisagée pour satisfaire aux nouvelles demandes de raccordement de l'ensemble des zones non encore électrifiées.

Même si l'on mettait toutes ces mesures en marche, le déficit actuel dans la région ne saurait être comblé, encore moins dans la perspective 2015, et le développement d'une nouvelle centrale hydroélectrique aux dimensions de Ruzizi III reste indispensable.

Des pertes

Dans une étude menée par Kachelewa (*et al.*, 2007) pendant quatre ans sur le réseau de distribution de Bukavu, il apparaît que pendant les quatre années considérées pour l'analyse des données de Bukavu, les pertes commerciales se sont élevées à 20,6 %, les pertes en lignes à 4 %, les pertes de distribution à 8 %, les pertes techniques à 12 % et les pertes non techniques à 18,3 %, en moyenne.

Ces pertes sont exagérément élevées et sont à considérer sérieusement pour répondre à la demande pendant que la génération d'énergie se poursuit.

Des fraudes

Dans toute la région, seul le Sud-Kivu se caractérise par des niveaux élevés de pertes et de fraudes, ce qui n'est pas le cas au Rwanda et au Burundi. Même dans l'hypothèse que ces pertes et ces fraudes soient maîtrisées, le résultat final ne serait qu'un gain de nature à couvrir qu'une portion des besoins actuels.

18. Ruzizi III + énergies renouvelables (complémentaires)

De l'analyse des différentes alternatives à la centrale hydroélectrique de Ruzizi III, il ressort visiblement que le projet de Ruzizi III reste incontournable et devient un « *must* ». Il est donc important de développer cette ressource en considérant les plus hauts standards sociaux, environnementaux, économiques et techniques (Simonis P. (GTZ-SEP Moroco), 1997 ; Clark C., 1999).

La substitution du combustible de bois est importante pour réduire l'impact négatif d'usage de quelques combustibles sur l'environnement et réduire le coût de services d'énergie.

L'effet global de cette politique d'énergie renouvelable sera de diversifier les sources de l'approvisionnement d'énergie. Ceci est d'une importance stratégique parce qu'il encourage la sécurité et l'indépendance énergétique (Philippe Copinschi et Pierre-Noël, 2005).

La présence de générations multiples, le réseau ou les mini-réseaux indépendants de sources d'énergie renouvelables autres que des grandes centrales hydroélectriques, minimisent le risque de surdépendance à une source qui peut souffrir de catastrophes naturelles ou autres comme cela a été le cas avec l'effet de la sécheresse sur le niveau du lac Kivu (Otiti T. et Moyin Y., 1994 ; ESMAP, 1996).

Quatrième chapitre

ÉVALUATION DES IMPACTS ENVIRONNEMENTAUX (EIE)

Le site de Ruzizi III est potentiellement réalisable pour la production d'énergie hydroélectrique dans la région des pays des Grands Lacs et le développer affectera l'environnement d'une façon ou d'une autre. Afin de minimiser les effets négatifs de cette centrale, il y a nécessité d'une Évaluation d'impacts environnementaux (EIE) avant toute prise de décision. Le principal objectif de l'EIE est de permettre que des considérations environnementales appropriées soient intégrées dans le projet durant les premiers stades de son développement (United Nations, 1990 ; Walmsley B. et Tshipala K.E., 2007). Les objectifs de procéder à une EIE dans ce projet de développement de Ruzizi III sont les suivants :

- Fournir une évaluation générale des conséquences socio-économiques, physiques, socioculturelles et écologiques du projet hydroélectrique sur l'environnement ;
- Faire des recommandations sur les investigations approfondies et les mesures nécessaires pour minimiser les conséquences néfastes du projet sur l'environnement et renforcer les effets positifs sur l'environnement (Goodland R. et V. Edmurdson, 1994).

Selon l'ONU (1997), les questions environnementales qui devraient être abordées dans une EIE comprennent :

i. Les effets sur les poissons et autres êtres aquatiques ;
ii. Les changements de mode de vie communautaire résultant des sources d'énergie fiables ;
iii. La superficie totale des terres prises de manière à la fois permanentes et temporaires et les effets sur la sécurité alimentaire ;
iv. Les déchets générés et leur élimination ;
v. La détérioration de la qualité de l'eau pendant la phase d'exploitation ;
vi. La poussière et le bruit provenant des fouilles ou des opérations de dynamitage et de la circulation, en particulier pendant les travaux de construction ;
vii. Les effets visuels sur les communautés adjacentes ;
viii. La dislocation des résidents par la construction de la centrale ;
ix. La dégradation des terres à la suite des carrières et des terrassements ;
x. La perte des patrimoines culturels ;
xi. L'extraction de la biomasse pendant la construction ;
xii. Le développement des institutions pour s'assurer que les effets environnementaux associés à l'exploitation et la maintenance de la centrale continuent à être surveillés et les mesures correctives prises si nécessaire.

Des exemples spécifiques des impacts les plus probables sur l'environnement qui devraient se produire lors du développement de la centrale hydroélectrique de Ruzizi III sont discutés plus loin.

1. Arrachement de la biomasse

Le projet hydro-électrique de Ruzizi III le long de la rivière ne devrait pas générer d'importants changements dans l'utilisation des terres. Basée sur les études faites par Fichtner, la superficie totale permanente prise par le projet (requis pour le poste et la centrale, bassin de décantation sur le site du déversoir et la route d'accès) ne devra pas dépasser 15 ha. La zone située derrière le barrage devrait connaître les niveaux d'eau soulevés, mais sera strictement limitée au canal de la rivière, qui est en fait large et profond. L'étendue spatiale de la récolte de la biomasse devrait donc être minime. Au contraire, le développement du site de Ruzizi III pour la production d'énergie devrait avoir un impact positif significatif sur la production nette de la biomasse dans cette région. Cela est dû à la présence d'une eau abondante stockée dans des lacs artificiels, après la construction du barrage. La présence de cette eau conduira à un bilan hydrique positif.

2. Perte de terres agricoles et sécurité alimentaire

Comme expliqué dans la section précédente, le développement du site de Ruzizi III est tenu d'utiliser une superficie relativement petite de terre. La mise en place de barrage pour accroître les niveaux d'eau et les capacités de la centrale étendra les zones d'inondation et affectera les niveaux d'eau en amont des sites en raison du stockage d'eau pendant les périodes de forte demande en énergie et de faibles débits. Cependant, le site proposé pour le développement de Ruzizi III est loin de la zone habitée. Par conséquent, la perte globale des terres agricoles devrait être négligeable. La sécurité alimentaire est également peu probable d'être affectée négativement. Au contraire, le développement du site pour la production d'énergie présente des possibilités d'améliorer la sécurité alimentaire régionale.

Pour ce qui est de l'utilisation des terres, la zone du projet est caractérisée par une exploitation agricole « intensive ». En plus des surfaces exploitées sur les rives même de la Ruzizi, même les versants abrupts sont régulièrement cultivés. On entend ici par agriculture « intensive », non pas que les méthodes d'exploitation sont intensives, mais que la moindre parcelle promettant un certain rendement est utilisée. Actuellement, ce phénomène est même plus développé sur le côté rwandais que sur le côté congolais.

Cette production agricole n'est que très peu liée au marché régional ou suprarégional. Il s'agit essentiellement des cultures de subsistance, c'est-à-dire que la production sert à subvenir aux besoins propres des populations, et éventuellement au marché local.

Photo de Laurence Wilhelm

La forte dépendance actuelle sur la biomasse naturelle comme source d'énergie a créé une pénurie de bois de feu dans la région avec une utilisation accrue des résidus agricoles et du fumier comme combustibles. Les résidus agricoles et le fumier, autrement, seraient utilisés comme intrants pour la gestion des éléments nutritifs du sol et de la fertilité des sols. Par conséquent, leur utilisation comme combustibles entraîne des flux nets des nutriments loin des terres cultivées, ce qui réduit les rendements par unité de surface et, par conséquent, affecte négativement la sécurité alimentaire (Amoding A. et Tenywa J.S., 2003).

Pour le raccordement au réseau routier local et pour relier entre eux les différents sites du projet, des infrastructures routières sont à créer. La largeur de la route en terre découverte est de 7 m environ, en comptant 1 m d'accotement de chaque côté. Dans les escarpements, la route aura une largeur de 5,50 m en prévoyant, à intervalles réguliers, des zones d'évitement. La chaussée sera construite en fonction de la portance du sol (Fichtner, 2010). L'empiètement sur des terrains préalablement agricoles et naturels pour l'exécution de travaux de dynamitage et de construction, ainsi que le nivellement des routes, des couloirs et autres surfaces, provoqueront une érosion du sol en fonction de ses caractéristiques.

En général, la couche de base sera constituée de gravier non-cohésif recouvert d'une couche bitumineuse avec gravillons. Au début de la phase de mise en œuvre du projet, les matériaux nécessaires à la construction des routes seront extraits des carrières (Fichtner, 2010).

Une fois que l'on aura commencé à creuser la galerie, les déblais pourront être utilisés pour la construction des routes. À ce moment, on pourra alors cesser d'extraire des matériaux des carrières.

3. Effets sur la santé

Les principaux effets sur la santé sont susceptibles de découler de la pollution due à la taille de la population en augmentation. Le développement du site de Ruzizi III pour la production d'électricité va augmenter l'activité économique dans le voisinage du site, ce qui attirera de grands flux d'immigrants. La densité de population élevée qui en résultera pourra déclencher une propagation rapide de maladies transmissibles telles que le choléra, la dysenterie et la typhoïde en raison de l'insuffisance des installations sanitaires vis-à-vis de l'afflux important d'immigrants (Burdge R., 2004 ; Freeman A.M., III. 1993). D'autres problèmes de santé pourraient découler de la pollution par les déchets domestiques produits au fil du temps, de l'augmentation de la consommation de bois de feu, de l'érosion et des effets de drainage, de déversement des huiles et des combustibles pétroliers, d'occupation des sols, de la poussière, du bruit et de la construction des voies de circulation. L'augmentation de l'activité économique monétaire dans les localités est susceptible de causer une inflation en monnaie locale en raison de la demande en augmentation des produits de base par des hommes « riches » dans le camp. Cela pourra à son tour favoriser le développement de la prostitution et une possible augmentation de l'incidence des maladies sexuellement transmissibles (MST) dont le VIH/Sida. L'apparition de ces problèmes de santé est une probabilité qui, avec une planification minutieuse dans la mise en œuvre du projet ainsi qu'une sensibilisation des communautés par l'éducation à la santé, peut être considérablement réduite voire totalement éliminée.

La forte concentration de poussière due aux travaux de construction et de dynamitage posera un sérieux problème. Des particules de poussière d'un diamètre généralement supérieur à 10 μm seront projetées dans l'air et formeront des dépôts visibles. La circulation des engins de chantier causera également beaucoup de poussières qui contribueront à la pollution de l'air.

Pendant la phase de construction, les travaux d'excavation, de nivellement, de dynamitage, de construction et de montage, les engins lourds, les machines et la circulation des camions seront une source de bruit.

En outre, les organes hydrauliques du barrage sont susceptibles d'abriter de nouveaux **vecteurs de maladies** (simulies, vecteurs de l'onchocercose ou cécité des rivières).

À l'inverse, si les mesures compensatoires sont mises en œuvre, le projet est susceptible d'apporter une amélioration de l'**état sanitaire** par la diminution de la vulnérabilité de la population à travers :

1. Une meilleure couverture sanitaire liée aux actions du programme de développement ;
2. L'accès à une nourriture plus variée et abondante, issue du développement de la pêche ;
3. L'accès à une importante quantité d'eau domestique dans la retenue ;

4. Le désenclavement par création ou la réhabilitation des routes liées au projet, mais aussi par création d'une voie fluviale.

Les travaux du barrage entraîneront une déforestation locale et l'extension des surfaces en eau. Ces modifications de l'environnement, combinées aux brassages des populations, auront sur les faunes entomologiques et malacologiques des répercussions susceptibles de favoriser des phénomènes nouveaux incluant l'extension de pathologies existantes et les apparitions de pathologies nouvelles.

Le paludisme, les filarioses et la bilharziose sont les principales maladies parasitaires dont la prévalence et la mobilité seront influencées par les modifications hydrographiques consécutives à la construction d'un barrage (Betterton C., 1984 ; Deschiens R., 1972 ; Deschiens R., 1970 ; Fenwick A., 1989 ; Foster R., 1967).

4. Déplacement des ménages/familles

Il n'y aura pas de grands déplacements de personnes causés par le projet, d'où il n'y aura pas besoin d'un programme spécial de réinstallation involontaire. Ceci s'explique par le fait que la plupart des colonies de peuplement dans la région sont limitées à des collines et des activités qui sont toutes basées loin de la vallée de la rivière et provoqueraient le déplacement de la population. L'élargissement des voies d'accès et la construction de lignes à haute tension pourront affecter quelques bâtiments, champs et arbres, mais cela peut être facilement évité par le routage correct pour minimiser les dommages aux propriétés des tiers. Aussi, un programme de compensation a été mis en œuvre dans le projet (voir l'étude socio-économique).

Moins de 50 ménages ont été dénombrés dans la retenue, il sera donc indispensable de les déplacer.

Au total, ce sont donc environ 300 à 350 personnes qui devront être déplacées dans le cadre du projet.

Une partie de ces impacts pourra cependant être compensée financièrement ou en nature : par l'encadrement de la relocalisation, la construction de nouveaux logements et la négociation d'un terrain familial en propriété/usufruit traditionnel.

5. Qualité de l'eau

L'impact sur la qualité de l'eau découlant de la centrale hydroélectrique de Ruzizi III devrait être minime. Le barrage devra stocker un faible volume d'eau. Par conséquent, la durée de stockage de l'eau sera courte. C'est pourquoi il devrait y avoir un temps de renouvellement suffisant pour éviter la stratification, la dé-oxygénation et la sédimentation (S. Richard *et al.*, 1997 ; Laurent Astrade, 1998). Pour le site proposé, la rivière Ruzizi coule depuis le lac Kivu jusqu'au lac Tanganyika. La qualité de l'eau change avec des ajouts de substances et d'autres sels dissous (Pac, 1998). Le développement de l'hydroélectricité dans la région aura un effet limité sur la balance en masses d'eau.

La qualité des eaux sera également significativement dégradée dans la retenue et à son aval immédiat, suite à une diminution de l'oxygène dissous et à une augmentation des quantités de nutriments (phosphates et nitrates) par ailleurs favorables à la prolifération algale (Laurent Astrade, 1998). Cependant, les quantités de nutriments déversés atteindront rapidement des valeurs qui devraient permettre de prévenir un développement excessif des plantes aquatiques, et des techniques seront mises en œuvre au niveau des ouvrages afin de favoriser la ré-oxygénation de l'eau à l'aval.

Les facteurs influant sur la qualité de l'eau dans le réservoir constituent par exemple le rayonnement solaire de la surface du réservoir, le mélange de la colonne d'eau (et nutriments qui y sont), le volume de la biomasse inondée, la croissance des herbes aquatiques, la sédimentation ainsi que l'utilisation de produits chimiques agricoles (Jolankai Géza, 2007 ; Pavillon J.F., 1990 ; Pereira W.P., 1996).

Il est à prévoir que le réservoir de Ruzizi III sera thermiquement stratifié chaque année à la fin de la saison sèche. La température maximale de l'eau à la surface du réservoir pourrait être de 30 °C par rapport aux températures de fond de 20-25 °C. Dans ces conditions, des épisodes périodiques de l'oxygène dissous faible (<2 milligrammes par litre [mg/l]) pourront se produire dans des eaux plus profondes. Ces conditions anoxiques sont prévues pour durer de 1 à 3 mois (S. Richard, 1997 ; M. Nisbet et J. Verneaux, 1970). En raison de la nature du réservoir, des conditions anoxiques affecteront moins de 3 % du volume du réservoir. La modélisation prévoit que les concentrations d'oxygène dissous pendant la saison sèche grâce à la centrale et le barrage seront supérieures à 5 mg/l (seuil généralement acceptable pour maintenir la vie aquatique) et pauvres en nutriments. Le niveau d'éléments nutritifs sera plus élevé pendant les premières années d'inondation du réservoir (en raison de la décomposition des matières organiques dans le réservoir). La modélisation n'a cependant pas pu prévoir que les niveaux d'oxygène dissous seraient touchés et exigeraient des mesures spécifiques pour protéger les populations de poissons (S. Richard, 1997 ; M. Nisbet et J. Verneaux, 1970).

Les concentrations maximales de 25 microgrammes par litre (µg/l) d'ammoniac sont prédites dans le réservoir pendant la saison humide après la déstratification thermique. Ceci correspond aux valeurs de base pour les eaux réceptrices et on ne s'attend pas à un impact sur les poissons. Les valeurs de pH prédites dans le réservoir entrent également dans la gamme d'un pH souhaitable pour une bonne reproduction de poissons (6,5 à 9). Les concentrations de sédiments en suspension dans le réservoir devraient être assez faibles compte tenu de la nature relativement non perturbée du bassin versant. Toutefois, les activités agricoles dans la zone peuvent conduire à une augmentation de l'utilisation des pesticides. Ils sont extrêmement toxiques pour les poissons et peuvent s'accumuler à des niveaux nocifs pour la consommation humaine (C. Charlier, G. Plomteux, 2002).

Atténuation

Les impacts identifiés sur la qualité de l'eau dans le réservoir et en aval du barrage de Ruzizi III peuvent être atténués par les mesures suivantes :

(I) La gestion des bassins versants en vue de protéger le réservoir de sédimentation ;

(II) La réduction de la biomasse dans la zone d'inondation. La suppression de certaines biomasses avant l'inondation sera encouragée, notamment par le biais de la collecte du bois de chauffage et de la récupération du bois ;

(III) L'aération par une vanne-cône (Richard S. *et al.*, 2005 ; Essery I.T.S. et Horner M.W., 1978). Celle-ci aidera à améliorer

la qualité de l'eau et les conditions des populations de poissons en aval ;
(IV) L'aération de l'eau dans le canal aval avant sa sortie. Un déversoir d'aération dans le canal aval permettra d'améliorer les concentrations de l'oxygène dissous dans l'écoulement. L'accumulation de bactéries et d'algues pourrait diminuer l'efficacité du déversoir d'aération (M. Bieri *et al.*, 2009 ; Goubet A., 1992 ; Gosse P. et Grégoire A., 1997) ;
(V) La gestion de mauvaises herbes aquatiques ;
(VI) La gestion de l'utilisation des engrais, des pesticides et d'autres produits chimiques synthétiques, par la mise en œuvre d'un plan de gestion des ravageurs.

a) Oxygène dissous

L'étude a montré qu'une bonne maîtrise des phénomènes de dégazage et de ré-oxygénation en sortie de barrage permettra de garantir une concentration suffisante en oxygène dans la Ruzizi.

Pour le déversement des débits de régulation ou des crues, l'utilisation de vannes permettant de maximiser l'aération de la veine d'eau en sortie est indispensable (S. Richard *et al.*, 1997 ; Richard S. *et al.*, 2005). Dans ce but, les vannes à jet creux permettent d'obtenir d'excellents résultats. Pour les débits turbinés, le brassage de l'eau en sortie d'usine est généralement très limité et ne permet pas une aération correcte de la veine d'eau. La solution du seuil de ré-oxygénation adoptée à Petit-Saut constitue une solution satisfaisante qui serait tout à fait adaptable au site de Ruzizi III (S. Richard *et al.*, 1997 ; Richard S. *et al.*, 2005).

En adoptant ces solutions techniques, on saturera en oxygène les eaux déversées par le barrage. Comme ces eaux auront, au moins durant les premières années, une charge importante en matière organique dissoute et particulaire, on observera dans le tronçon aval une baisse de concentration en oxygène dissous et un accroissement de la concentration en carbonates du fait de l'oxydation de la matière organique. Les rapides et les changements de pente qui segmentent le lit aval permettront toutefois de limiter significativement ce phénomène et de ré-oxygéner la veine d'eau.

Il convient de mentionner ici que l'oxygénation forcée de l'eau à la sortie du barrage par une vanne à jet creux ou par un seuil d'oxygénation induit un risque de santé publique.

En effet, les zones de brumisation accompagnant la ré-oxygénation sont favorables au développement des larves de simulies, vecteur de l'onchocercose (V. Horeau *et al.*, 1997). Un arbitrage entre la qualité de l'eau à l'aval dans la Ruzizi et le risque de santé publique devra être proposé.

b) Nutriments

Les quantités de nutriments (phosphates et nitrates) qui seront déversées dans la Ruzizi seront très élevées au cours des premières années, mais elles atteindront rapidement (probablement après 2 ou 3 ans) des valeurs permettant de prévenir une prolifération algale et épiphyte excessive.

L'EGL s'est également engagée à maintenir l'usage de l'eau aux bénéficiaires existants dans la zone du projet. Elle est donc prête à soutenir le développement d'autres sources d'approvisionnement en eau domestique dans les villages qui dépendent partiellement ou totalement de la rivière Ruzizi pour leur eau. La qualité de l'eau dont il est question ici sera également soumise à une surveillance pendant la construction et l'exploitation.

6. Effets sur les poissons et autres vies aquatiques

Certaines vies aquatiques dans la rivière Ruzizi méritent une attention particulière. La reproduction des crocodiles, des hippopotames, des varans et des diverses espèces avifaunes en aval de la chute sont d'une importance nationale. Il est fort possible que l'eau déversée par les turbines dans les eaux en aval soit pauvre en oxygène et contienne du sulfure d'hydrogène. L'eau pourrait également avoir un plus faible pH et être plus froide que l'eau en aval (Gosse P. et Grégoire A., 1997 ; Richard S. *et al.*, 2005). La libération de l'eau avec de telles caractéristiques pourrait affecter les communautés végétales et animales dans la rivière en aval du barrage. Pour atténuer ces effets, le concept d'un flux minimum d'eau no-turbinée devra être envisagé, mais fixé à un niveau relativement faible (8 à 10 % du débit maximal), afin de ne pas réduire la capacité de production (Oldani N.O. *et al.*, 2007 ; March P.A. et Fisher R.K., 1999 ; Halls A.S. et M. Kshatriya, 2009).

La vie aquatique est susceptible d'être affectée par les activités durant la construction et l'opération. Les impacts lors de la construction pourraient être générés par la sédimentation causée par le travail dans le lit, le défrichage de la végétation dans la zone d'inondation et d'érosion sur les chantiers, la pollution des eaux causée par les huiles, les carburants et les produits chimiques utilisés, ainsi que l'utilisation d'explosifs. L'augmentation des charges de sédiments peut affecter directement les poissons en aval.

Les impacts sur le milieu aquatique sont difficiles à prévoir en détails, toutes les retenues ayant leur propre spécificité, et l'adaptation des espèces existantes pouvant varier suivant de nombreux critères tels que les fluctuations de température ou d'oxygène dissous, la transparence, la sédimentation, ainsi qu'en fonction du mode de gestion et de contrôle de la pêche (Furnestin J. et Vincent A., 1955 ; Furnestin J., 1952 ; C. Ruhlé, 1990 ; Ouattara M. *et al.*, 2010 ; Gourène E.G. *et al.*, 1999). Toutefois, la construction d'un barrage constitue toujours une modification importante de l'environnement et crée des modifications biotiques qui ont des répercussions sur la biologie de différentes espèces (Kouamelan E.P., 1999 ; Ouattara M. *et al.*, 2010).

Il est probable que sur les espèces identifiées, les cichlidés, les bagridés et les siluridés se développent d'une manière importante, et que le nombre de mormyridés et de characidés régresse (Kouamelan E.P., 1999).

Parmi les espèces décrites, aucune ne bénéficie d'un statut de conservation ou n'est menacée de disparition. Si leur fréquence peut varier localement à cause des nouvelles conditions environnementales, ces espèces coloniseront de nouveaux biotopes en aval, et/ou s'adapteront à leur nouveau milieu comme cela a été observé ailleurs (Sricharoendham B. *et al.*, Aimsab M., 2000).

D'autre part, la Ruzizi, en amont de la retenue, constitue un cours d'eau important pour le déplacement, l'alimentation et la reproduction des espèces migratrices.

Certaines espèces sont présentes sur de grands volumes dans le bassin, telles que les alestes, les barbus, les citharinus et les distichodus qui migrent pour s'alimenter et se reproduire. Le barrage aura donc comme effet de stopper ces déplacements ; il sera équipé, heureusement, d'une passe à poissons (M. Larinier, 1983 ; Roulel L., 1922).

7. Effets sur les autres vies animales

Les espèces emblématiques comme le gorille ou le chimpanzé sont essentiellement localisées loin du site du projet et ne devraient pas être affectées par le projet.

Par ailleurs, les modifications profondes de la strate graminéenne des savanes temporairement inondées sont susceptibles d'avoir des impacts sur les cobs, dont c'est le lieu de reproduction et de pâture. Cependant, ces formations ne sont pas rares dans l'aire d'étude, et les conditions favorables à leur installation seront progressivement recréées. Bien que réel, l'impact de l'ouvrage sur ces populations d'animaux devrait être maîtrisé sous réserve de contrôler le braconnage.

Les transformations que subiront les milieux naturels lors de la montée des eaux auront un impact sur la répartition relative des oiseaux. L'essentiel des populations migrera vers d'autres sites où la capacité d'absorption du milieu le permet (Jean-François Fruget et Jeanne Dessaix, 2003).

En revanche, l'expérience des autres retenues de la Ruzizi permet de prévoir un impact positif au travers de l'apparition et du développement d'une avifaune sédentaire inféodée au plan d'eau. Sous réserve d'une gestion appropriée, le lac constituera en effet, à terme, une zone de nidification, de nourriture, de repos, d'hivernage d'un grand intérêt pour la conservation des oiseaux (Jean-François Fruget et Jeanne Dessaix, 2003 ; El Agbani M.A. et Dakki M., 2005).

Les populations de **reptiles** terrestres seront affectées par la destruction de leur habitat. En revanche, sous réserve d'une gestion appropriée de ses environs, la retenue devrait être favorable à l'apparition et au développement de populations d'autres reptiles.

Compte tenu de l'état lacunaire des connaissances scientifiques dans le domaine des **insectes**, il est pratiquement impossible de prévoir les impacts du projet sur ces animaux (Mouhamadou Diakhaté, 1986). Il est vraisemblable que le projet entraînera des disparitions de sous-espèces, voire d'espèces inféodées à certains milieux. Cependant, compte tenu de leur immense capacité d'adaptation face à la modification de leur habitat, l'apparition d'espèces ou de sous-espèces d'insectes nouvelles est hautement probable, ce qui atténue significativement cet impact.

La faune aquatique subira de profondes modifications difficiles à anticiper avec précision. Globalement, la répartition des espèces devrait changer au profit des cichlidés, desbagridés et des siluridés qui sont bien adaptés aux milieux stagnants (De Silva S.S., 2001 ; Dubois M., 2008 ; Dugan P., 2008 ; Harris J.H. et Mallen-Cooper M., 1993 ; Jutagate T. *et al.*, 2001). Les espèces exigeantes au regard de la qualité des eaux devraient disparaître de la retenue au moins durant les premières années qui suivront la mise en eau. Par ailleurs, le barrage constituera également un obstacle physique aux espèces migratrices.

8. Impacts sur les produits forestiers non ligneux (PFNL)

L'inondation de la retenue combinée à l'anthropisation de surfaces naturelles conduira à la destruction de certaines plantes utilisées par les populations locales et l'impact du projet sur les PFNL sera réel. Cependant, la plupart des plantes concernées ne sont pas dans la zone d'étude, et la mise en œuvre du projet ne risque pas de se traduire par la disparition totale d'une plante importante dans la pharmacopée locale. Il est cependant prévisible que les distances de prospection s'allongeront ponctuellement.

9. Impact sur les grands mammifères

L'impact négatif principal concernant la grande faune est lié à la présence humaine sur le site qui s'intensifiera significativement au commencement des travaux.

Il apparaît en effet que la construction puis l'occupation du camp où logeront cadres et ouvriers travaillant à la construction du barrage, ainsi que l'augmentation brutale de la population en dehors du camp, provoqueront une forte demande en nourriture dans les villages.

Ceux-ci agiront, même indirectement, par leurs demandes de ravitaillement en viande de brousse, et cela pourrait accentuer le braconnage.

De façon générale, les grands mammifères ne devraient pas subir une diminution importante de leurs effectifs, du moins suite à la montée des eaux, car les forêts sont loin du chantier.

10. Impacts sur les oiseaux

Il est prévisible que l'afflux de populations provoque un accroissement de la pression de capture des oiseaux, augmente la pression sur leurs dortoirs et leurs sites de nidification, entraînant ainsi un risque de baisse, voire de disparition de certaines populations.

La répartition relative des espèces locales risque également d'être modifiée suite aux transformations que subiront les milieux lors de la montée des eaux. Cela ne devrait cependant pas aboutir à la disparition d'espèces, les divers milieux fréquentés par l'avifaune resteront bien représentés et les oiseaux devraient avoir la possibilité de migrer dans les cas où les milieux d'accueil ne sont pas saturés.

En revanche, l'expérience des autres retenues ailleurs montre un impact positif très probable à terme à travers l'apparition et le développement d'une avifaune sédentaire inféodée au plan d'eau, telle que : grébifoulques, grèbes castagneux, hérons, ibis, jacanas d'eau, rapaces ichtyophages (aigles pêcheurs en particulier), oiseaux insectivores (hirondelles, martinets) (Treca B., 1990 ; Azafzaf H., Hamrouni H., 2002). Le site et ses zones humides pourraient également constituer une zone de repos pour certaines espèces migratrices telles que les anatidés (oies, canards, sarcelles) et les limicoles (bécassines, bécasseaux, chevaliers, vanneaux, etc.).

D'une manière générale, à l'instar des autres plans d'eau, le lac constituera une zone de nidification, de nourriture, de repos et d'hivernage d'un grand intérêt pour la conservation des oiseaux, sous réserve d'une gestion raisonnable et appropriée.

11. Impacts sur les reptiles

Il est difficile de procéder à une évaluation précise des impacts compte tenu des données dont on dispose. Il est cependant certain que les populations terrestres seront affectées par la destruction de leur habitat. En revanche, sous réserve d'une gestion appropriée de ses environs, la retenue devrait être favorable à l'accroissement des populations de certaines espèces telles que certains ophidiens, etc.

12. Impacts sur les insectes

Compte tenu des lacunes importantes subsistant dans les connaissances scientifiques de l'entomofaune, tant à l'échelle de la zone d'étude que du continent africain, il est pratiquement impossible de prévoir les impacts que subiront les insectes lors des différentes phases du projet (V. Horeau, Ph. Cerdan et A. Champeau, 1997). Sans être en mesure de les caractériser et de les quantifier précisément vu l'état actuel des connaissances dans ce domaine, il est vraisemblable que le projet entraînera des disparitions de colonies, peut-être de sous-espèces, voire d'espèces inféodées à certains milieux précis.

Cependant, compte tenu de l'immense capacité d'adaptation de l'embranchement des arthropodes aux changements de milieux, il convient de se garder de tout catastrophisme, l'apparition d'espèces ou de sous-espèces d'insectes nouvelles étant hautement probable face à la modification des habitats que générera le projet (V. Horeau, Ph. Cerdan et A. Champeau, 1997).

13. Impacts liés aux activités de construction

Les impacts dus à la construction seront nombreux. Tout d'abord, l'impact visuel sera important, étant donné que le paysage sera considérablement modifié par le canal de dérivation, la préparation du site, l'excavation et les activités de construction. La perturbation des résidents à proximité des sites et le long des routes d'accès sous forme de pollution par la poussière, le bruit, les accidents de circulation et le déversement de pétrole pourront également se produire. En outre, une ligne de transmission d'électricité sera également tirée. Cela provoquera également une perte temporaire de terres agricoles, des cultures et d'autres propriétés. Ces impacts devraient toutefois être mineurs parce que les corridors couvriront des distances relativement courtes pour desservir un marché local ou rejoindre le réseau national et le réseau interconnecté.

Les terrains nécessaires à l'implantation des ouvrages pour l'implantation de l'aménagement hydroélectrique (ouvrage de retenue, système d'adduction et centrale) devront être de taille adéquate.

Il en résultera une perte de terres agricoles et naturelles.

Les terrains occupés par les camps des travailleurs seront touchés par des défrichages, par le bruit et d'autres influences dues à l'activité humaine.

On considère que 1500 à 3000 ouvriers travailleront sur le chantier durant la phase de mise en œuvre. Ils seront hébergés dans les camps.

14. Nuisances des chantiers (qualité de l'air, odeurs et bruit)

L'impact essentiel du projet sur la qualité de l'air est lié à la retenue elle-même et aux émissions de gaz à effets de serre. Cependant, comme tout chantier, des nuisances sont à prévoir, en particulier en termes de :

- Pollution des engins de chantier ;
- Poussières ;
- Nuisances sonores.

Ces problématiques concernent essentiellement les ouvriers des chantiers (et dans une moindre mesure des riverains des accès) dans la mesure où aucune population humaine ne devrait demeurer à proximité du site du chantier.

15. Afflux des populations

L'afflux des populations lié au projet est principalement généré par l'offre d'emplois en période de travaux, puis en période d'exploitation, avec un risque d'afflux spontané lié, soit à la demande d'emploi excédentaire, soit à un phénomène de fixation de certains travailleurs à l'issue des travaux. Cet afflux sera encouragé par la création et la réhabilitation des routes dans la zone.

L'évaluation de l'afflux prévisible des populations repose sur l'estimation de l'offre d'emplois induite par le projet, d'abord en phase de travaux, puis en phase d'exploitation.

Elle se décline en 3 étapes principales :

1. La caractérisation de l'offre d'emplois pendant les travaux, puis en phase d'exploitation, à partir des estimations faites pour chacun des thèmes de l'EIE ;
2. L'estimation de la population induite corrélative à cette offre d'emplois de base en appliquant une taille de ménage et un taux d'induction, ce dernier permettant de tenir compte des emplois de services aux ménages et éventuellement aux emplois de services aux entreprises ;
3. L'analyse des conditions d'ajustement de l'offre d'emplois (en période d'exploitation) et de la demande (population induite en période de travaux et en période d'exploitation). Le taux d'emploi de la population résidente est par hypothèse de 50 %. Ceci signifie qu'environ la moitié des emplois offerts (excepté ceux du secteur de la pêche) seront réservés à ces derniers.

Les excédents de la demande d'emploi sur l'offre sont abordés sans pouvoir être solidement quantifiés. L'ordre de grandeur dégagé est cependant suffisamment significatif pour fonder des recommandations opérationnelles.

L'état des lieux actuel montre une zone très peuplée avec une dynamique peu soutenue depuis 20 ans mais avec une accélération récente depuis les cinq dernières années. Des analyses effectuées, il résulte que l'ensemble des activités liées au projet Ruzizi III est susceptible :

1. De créer 3 000 emplois en période de travaux et 1 500 en période d'exploitation, dont la moitié devrait être réservée aux populations locales (excepté l'activité de la pêche pour laquelle un afflux plus important est à attendre) ;
2. D'attirer une population d'équilibre correspondante estimée entre 2 000 à 3 000 personnes, dont 500 à 1 000 devraient quitter la zone en fin de travaux, laissant 1 500 à 2 000 personnes nouvelles l'occuper ;
3. D'attirer une population supplémentaire, soit par afflux spontané soit par fixation en période d'exploitation des populations induites par les travaux.

Par ailleurs, l'étude thématique chargée de l'analyse de l'environnement socio-projet a permis d'identifier trois principaux impacts négatifs liés à l'afflux des populations :

1. La demande alimentaire avec le risque que la zone ne soit pas en mesure d'y répondre de façon satisfaisante ;
2. L'augmentation de l'insécurité, de la prostitution, avec le risque que l'administration de la zone ne puisse y faire face ;
3. L'apparition de conflits sociaux, du fait notamment des différences de mœurs.

16. Effets sur les qualités esthétiques et paysagères

Même s'il est situé loin de toute voie de circulation importante et des populations riveraines, un tel ouvrage ne peut avoir qu'un impact sur le paysage.

Il existe des possibilités d'améliorer son intégration paysagère autant par son choix que par sa conception architecturale.

De la même façon, les autres constructions (celles citées en particulier) pourraient avoir un impact visuel très négatif, si ce paramètre n'était pas sérieusement pris en compte dans les cahiers des charges des entrepreneurs chargés de leur conception.

Enfin, l'exploitation des carrières et d'autres zones d'emprunt de matériaux meubles étant susceptible d'avoir un impact important à long terme sur le paysage, les choix d'implantation de ces sites dans le périmètre de la retenue et les modes d'exploitation permettant une bonne réhabilitation des sites seront privilégiés.

Il s'agira ici principalement des impacts sur le relief dus à l'exploitation des carrières et des zones d'emprunt. Ces impacts sont loin d'être négligeables étant donné les volumes nécessaires à la réalisation des ouvrages : 250 000 m^3 de matériaux rocheux et 2,5 millions de m^3 de remblais latéritiques (Fichtner, 2010).

D'autre part, dans une moindre mesure, les chantiers de l'ouvrage lui-même, de l'implantation des cités, et enfin de l'aménagement de la piste d'accès, donneront lieu à des décaissements qui seront à préciser.

Enfin, sur les différents sites de chantier, les risques d'érosion occasionnés par le retrait de la couverture végétale qui a un rôle de fixateur des sols, seront à prendre en compte.

Toutefois, l'impact le plus fort sur le paysage est la présence de la retenue. Lorsque la retenue est haute, le paysage lacustre est généralement attrayant et introduit un élément majeur de diversité dans un paysage naturel plutôt monotone. Il en est autrement lorsque la retenue est basse. De façon générale, la présence inévitable d'arbres morts dans la retenue a un impact très négatif sur le paysage.

La construction d'une centrale hydroélectrique et l'aménagement paysager permettront d'améliorer les attributs pittoresques des sites et ainsi d'augmenter leur attrait pour les touristes. Ceci est dû, d'une part, à l'utilisation anthropogène et à la pression démographique qui se font nettement ressentir et, d'autre part, au fait que les projets antérieurs (Ruzizi I et Ruzizi II) ont déjà altéré, d'une certaine manière, le paysage. On peut donc considérer que les impacts des projets de Ruzizi III et IV se chevaucheront avec ceux des deux projets déjà réalisés et que l'impact supplémentaire ne sera que relativement faible.

La croissance du tourisme permettra de diversifier les possibilités d'emploi vers le secteur de l'accueil dans une partie de la région qui a longtemps souffert d'un manque de possibilités d'emploi. Cependant, une conception soignée de la centrale pour atténuer les effets négatifs est cruciale.

17. Impacts sur les facteurs biophysiques

Le projet va inonder une zone d'environ 15 km^2. En se décomposant, la végétation submergée va libérer des **gaz à effet de serre**, en particulier du gaz carbonique et du méthane. Les quantités estimées sont de l'ordre de 0,5 millions de tonnes de CO_2 équivalent à une durée de 100 ans (Gagnon L., 2002 ; Hall A., I. Laria *et al.*, 1977). La production de GES par la retenue sera surtout importante les 20 premières années puis sera ralentie par la suite (Friedl G. et A. Wuest, 2001 ; Hedges J., 1992). De plus, les quelques formations végétales en croissance qui constituent en temps normal des puits de carbone « naturels » ne pourront plus assurer ce rôle une fois submergées, ce qui se traduira par une quantité de gaz carbonique non stockée équivalente à environ 15 000 tonnes (Galy-Lacaux C., R. Delmas *et al.*, 1999 ; ICBE, 2002).

18. Séismicité induite

Le remplissage de la retenue peut, dans certains cas, provoquer une augmentation de la fréquence des **séismes** dans les années suivant la mise en eau (séismicité induite). Ce risque est jugé minime du fait de la faible profondeur de la retenue de Ruzizi III (Ingérop, 1998 ; Bettinelli P. *et al.*, 2008).

Il est reconnu que la création d'une très grande retenue peut augmenter la fréquence des séismes locaux lors de son remplissage. C'est le phénomène de séismicité induite, qui a fait l'objet d'un bulletin (…) de la Commission internationale des grands barrages (M. Lamontagne *et al.*, 2008 ; Comité international des grands barrages (CIGB), 1995).

Les experts s'accordent pour considérer que la création de la retenue n'augmente pas l'intensité ou la magnitude du plus fort séisme potentiel sur le site (MCE : Maximum Crédible Earthquake). Elle peut, par contre, provoquer une augmentation de la fréquence des secousses de plus faible intensité dans les années suivant la mise en eau. La désignation anglaise « *triggered seismicity* » traduit cette idée : la retenue n'est pas la cause du séisme, mais seulement le facteur déclenchant (Harsh K. Gupta, 2002 ; Belle Philibosian *et al.*, 2011 ; Bettinelli P. *et al.*, 2008 ; D.W. Siimpson, W.S. Leith et C.H. Sccholz, 1988 ; M. Lamontagne *et al.*, 2008).

Les cas de séismicité induite avérée concernent généralement des retenues de grande profondeur, ce qui n'est pas le cas de Ruzizi III. En toute hypothèse, le risque lié à la séismicité induite a été évalué dans le cadre des études d'avant-projet détaillé et, le cas échéant, un réseau de surveillance micro-sismique devra être mis en place.

De façon générale, la séismicité induite n'a pas d'impact sur la sécurité du barrage qui doit être conçu pour résister au plus fort séisme possible sur le site. En l'absence de localité importante à proximité de la retenue, le risque pour les populations est négligeable.

Bien que le risque de séismicité induite lors de la mise en eau du réservoir de Ruzizi III est faible, voire négligeable, car il s'agit d'une retenue peu profonde, il a été évalué de façon plus détaillée et documentée dans le cadre des études d'avant-projet détaillé du barrage.

19. Autres impacts sur l'environnement physique

La création du réservoir de Ruzizi III devrait générer des modifications micro-climatiques mineures dans la vallée de Ruzizi (en température de l'air, humidité relative, vents, etc.). Toutefois, ces changements ne devraient durer que de courtes périodes en raison de la domination écrasante de la mousson (R. Arléry *et al.*, 1973 ; Jen-Hu Chang, 1972).

Des impacts sismiques mineurs sont possibles en raison de la mise en eau de la rivière et de la construction du barrage, bien que la hauteur du barrage soit bien en dessous de la taille à laquelle de tels impacts sont connus pour être probables (100 m). La réduction des quantités d'eau en aval du barrage Ruzizi III ne devrait pas affecter de manière significative les niveaux des eaux souterraines des flancs de la vallée escarpée, empêchant ainsi la rivière d'être une source majeure de recharge des aquifères.

20. Érosion des berges

Pendant la construction du barrage, les eaux de la Ruzizi sont dérivées dans des ouvrages de dérivation provisoire. Il peut en résulter une tendance à l'augmentation de l'érosion des sols au voisinage de ces ouvrages, liée aux vitesses d'écoulement plus élevées que dans le cours d'eau naturel. Cet impact est toutefois localisé dans le temps et dans l'espace et peut ainsi être maîtrisé par des dispositions adéquates de protection des berges.

En phase d'exploitation, la présence de la retenue a pour effet le piégeage des sédiments.

L'eau relâchée à l'aval du barrage a un pouvoir érosif augmenté. Cet impact classique de la création d'une retenue sur une rivière ne devrait pas constituer un défi important dans le cas de la Ruzizi. En effet, les berges sont couvertes de végétation et ne montrent aucun signe, même local, d'érosion. La végétation existante, comme elle ne va pas disparaître, continuera à protéger les berges contre l'érosion, sauf à l'aval immédiat du barrage où les turbulences de la veine d'eau seront particulièrement marquées. La protection des berges en sortie d'évacuateurs (enrochements) fait partie des travaux usuels liés à la construction d'un barrage et n'est pas à considérer comme un impact négatif (M. Larinier et F. Travade, 1999).

Il n'y a donc pas de risque d'érosion anormale des berges de la Ruzizi après la construction du barrage.

21. Ensablement ou creusement du lit

Les profils de la Ruzizi sont très largement déterminés par des affleurements rocheux qui segmentent et fixent leurs lits. La rétention des sédiments dans la retenue de la Ruzizi n'est donc pas susceptible d'entraîner un creusement anormal du lit de ces rivières. Les phénomènes d'ensablement sont également exclus puisque les débits maximums en crue dans la Ruzizi seront inchangés.

22. Sédimentation et envasement de la retenue

Il a été montré que les apports solides de la retenue de la Ruzizi seront faibles par rapport au volume total de la retenue. Les sédiments auront tendance à se déposer à l'embouchure des affluents dans la retenue, du fait de la réduction significative de la vitesse moyenne du courant qui favorisera la formation de dépôts. Du fait du marnage prononcé de la retenue, on assistera à un cycle saisonnier de remobilisation d'une partie des sédiments déposés pendant la période des hautes eaux. En tout état de cause, les sédiments se déposeront majoritairement dans les parties en amont et intermédiaires de la retenue. La zone située à proximité du barrage ne sera pas touchée de façon significative par les phénomènes de sédimentation à court et moyen termes.

23. Stabilité des berges de la retenue

La création de la retenue et le marnage associé à son exploitation peuvent induire un risque d’instabilité des berges sous l’effet des cycles de remplissage et de vidange. La morphologie arrondie des flancs de la vallée avec des pentes dans l’ensemble peu prononcées permet de supposer que cet aspect ne constitue pas une problématique majeure.

Il conviendra que ce risque soit évalué de façon plus détaillée dans le cadre des études d’avant-projet détaillé.

24. Impact du changement de régime de la rivière sur les nappes phréatiques

Sur la Ruzizi, l'inversion des cycles de crue et de décrue de la rivière, et donc des fluctuations de niveau de celle-ci, aura pour conséquence un meilleur drainage des nappes connectées à la Ruzizi en saison des pluies (le niveau moyen de la Ruzizi étant plus bas du fait du stockage des eaux dans la retenue). À l'opposé, la hausse du niveau moyen de la Ruzizi en saison sèche réduira le gradient hydraulique entre la nappe et la rivière, et donc limitera le drainage des nappes riveraines par la Ruzizi.

En conséquence, on observera, après la construction du barrage, des fluctuations moins prononcées des niveaux de nappe en bordure immédiate. Aucun impact significatif de cette diminution locale de l'amplitude des fluctuations de nappe sur la végétation riveraine n'est prévisible sur la végétation riparienne.

Aucun puits du village n'est assez proche de la Ruzizi (moins de 100 m) pour être sensible aux modifications du régime de la Ruzizi, mais aucun impact négatif n'est attendu dans la mesure où le niveau de la nappe phréatique serait, après la construction et la mise en service du barrage, plus élevé ou identique durant la saison sèche à ce qu'il était en construction.

25. Infrastructure, transport, communication

Les effets du projet sur les voies de communication dans la zone sont de deux ordres :

1. Les effets positifs : désenclavement par création ou réhabilitation des routes liées au projet, mais aussi par création d'une voie fluviale importante sur la retenue ;
2. Les effets négatifs : coupures d'axes pendant les travaux ou par inondation sous la retenue projetée.

Ainsi, la circulation des biens et des personnes dans la zone sera d'abord perturbée pendant les travaux et la mise en eau, puis très largement améliorée à la fin des travaux (phase d'exploitation du barrage).

Par ailleurs, la création ou la réhabilitation des routes dans la zone implique des impacts propres sur les milieux naturel et humain.

Il convient de signaler que ces impacts peuvent être significatifs. Ils touchent à de nombreux domaines de l'EIE tels que la qualité des eaux, la santé (introduction de MST/Sida et risques d'accidents de circulation), la socio-économie (perturbation des activités économiques des populations villageoises), les ressources locales (bananiers et arbres fruitiers).

26. Patrimoine culturel et archéologique

Suite à la création du barrage, la zone ne connaîtra aucun bouleversement du milieu naturel et humain susceptible d'avoir des répercussions sur le patrimoine culturel.

L'inondation des zones ne risquera pas de faire disparaître un quelconque lieu ou site à caractère sacré et religieux : sépultures, villages, arbres, lacs et rivières sacrés.

Aucune activité profane ne sera touchée par la montée des eaux.

27. Émissions de gaz à effet de serre (GES)

Jusqu'à ces dernières années, l'hydroélectricité était considérée comme une énergie propre et renouvelable. En particulier, elle était supposée ne pas contribuer au réchauffement de la planète par émission de gaz à effet de serre, gaz carbonique et méthane (Marie-Claude Bourdon, 2011).

Les travaux des dernières décennies ont montré que les retenues artificielles émettent du gaz carbonique et du méthane, en particulier dans les premières années suivant leur mise en eau. Ces émissions sont fortement variables d'un réservoir à l'autre et les phénomènes mis en jeu sont complexes.

Dans la plupart des barrages réservoirs construits en zone tropicale, il a été observé que la composition chimique de l'eau était caractérisée, les premières années, par un déficit en oxygène dans les couches profondes, par des concentrations élevées en sels azotés et phosphorés et, en général, par de basses valeurs du pH. La principale cause de cette situation est la décomposition de la végétation noyée, processus qui utilise l'oxygène dissous dans l'eau (Augenbraun H. *et al.*, 1995 ; Cole J. et N. Caraco, 2001). La ré-minéralisation concomitante est à l'origine de la libération des éléments chimiques constitutifs de la biomasse végétale immergée. Les processus sont d'autant plus durablement marqués que la biomasse végétale submergée est importante et, comme le montre le retour d'expérience, que le temps de renouvellement est long.

En profondeur, la décomposition anaérobique de la matière organique submergée conduit à la formation d'éléments dissous comme l'ammonium (NH_{4+}), le fer ferreux (Fe_{2+}), le méthane (CH_4), le gaz carbonique (CO_2) et l'hydrogène sulfuré (H_2S). La quantité de gaz à effet de serre (CH_4 et CO_2) émise dans l'atmosphère dépend des cinétiques d'évolution de ces éléments dans le réservoir (Tathy J. et B. Cros, 1992 ; Fearnside P., 1995 ; Richard S., Grégoire A., Gosse P., 2005).

Il est important de noter que l'évaluation des émissions de GES des réservoirs, particulièrement les réservoirs non boréaux, est une science toute récente, particulièrement dans une zone aussi pauvre qu'est la région des Grands Lacs qui, tout en constituant le « poumon » de la planète après l'Amazonie, n'en demeure pas moins une zone négligée par la communauté internationale en termes d'appui à protection de l'environnement, notamment par la recherche scientifique.

Selon le rapport de la Commission mondiale des barrages (CMB), les points suivants représentent le consensus actuel concernant la compréhension et les avis sur la question des émissions de GES par les retenues :

1. Les gaz à effet de serre (CH_4 et CO_2) ont été émis pendant des décennies par une trentaine de réservoirs sur lesquels des mesures ont été prises. Ces réservoirs se trouvent dans les régions tropicales et boréales (Augenbraun H. *et al.*, 1995 ; Cole J. et N. Caraco, 2001 ; Fearnside P., 1995 ; Tathy J. et B. Cros, 1992). Ceci est en contradiction avec l'idée répandue selon laquelle de telles émissions sont négligeables ou nulles ;
2. Les émissions peuvent varier énormément d'un réservoir à l'autre. Pour dix barrages étudiés au Brésil, une différence de 500 entre le plus bas et le plus haut taux a été trouvée. On signale que les valeurs les plus basses sont semblables à celles des réservoirs situés sous des climats boréaux, alors que les plus hautes peuvent se comparer (cumul sur leur cycle de vie) à celles des usines d'énergie thermique ;

3. La biomasse inondée seule n'explique pas les émissions de gaz observées. Le carbone coule dans le réservoir du bassin entier et, par conséquent, d'autres activités de gestion et de développement des ressources dans le bassin versant peuvent influencer les entrées futures de carbone dans le système (et donc les émissions du réservoir) ;
4. Puisque les écosystèmes naturels émettent également des gaz à effet de serre, c'est l'apport supplémentaire (valeur nette) dû à la mise en eau et à la submersion de la végétation qui doit être considéré pour l'évaluation, et non les émissions brutes du réservoir.

Deux types d’actions peuvent être entrepris pour réduire les émissions de GES. Les premiers agissent sur les quantités de GES émises en début d'exploitation (défrichement ciblé, mise en eau partielle). Les seconds concernent l'optimisation de la chaîne de production sans rajouter d'émissions de GES (ex. : usine de pied ou barrage aval au fil de l'eau).

CONCLUSION GÉNÉRALE

La région des Grands Lacs africains est dotée d'abondantes ressources en énergie, particulièrement les ressources renouvelables hydrologiques. Cependant, force est de constater qu'en dépit de ce potentiel énergétique exceptionnel, la crise énergétique qui affecte la région depuis des générations freine tout effort de développement et de relance socio-économique, affectant le vécu quotidien des citoyens condamnés à vivre, dans leur grande majorité, en dessous du seuil de pauvreté.

À cet effet, il y a un besoin urgent d'exploiter de manière stratégique, réaliste et judicieuse les ressources naturelles en présence afin d'améliorer la provision en énergie pour une croissance économique soutenue. Le développement durable est difficile à accomplir étant donné qu'il est incompatible avec la pauvreté économique qui prévaut actuellement dans la région. Par conséquent, les gouvernements ont un défi d'assurer l'expansion et l'accès aux sources d'énergies abordables, fiables et adéquates pour adresser les problèmes de pauvreté.

Il y a un consensus international que les émissions de gaz à effet de serre mèneront aux changements climatiques, et elles auront des conséquences sur le cycle hydrographique (et donc sur la provision en eau et l'agriculture) aussi bien que sur le niveau des lacs. Les mesures qui accommodent de tels changements devront être prises en considération lors de la planification d'utilisation des ressources d'hydroélectricité.

Une priorité claire devra être donnée au développement de Ruzizi III et à l'usage d'énergies renouvelables appropriées dans le but de limiter les émissions qui résultent de l'usage de combustibles fossiles.

C'est dans cette perspective que s'inscrivent les recommandations de l'« International Hydro power Association » :

1. La capacité restante d'hydro devra être développée au maximum possible, à condition qu'on le fasse d'une manière techniquement, économiquement, écologiquement et socialement acceptable ;
2. Le développement d'hydroélectricité devra se faire main-dans-la-main (plutôt qu'en compétition) avec le développement d'autres sources supplémentaires d'énergies renouvelables ;
3. Le coût du kWh produit par une centrale hydroélectrique est compétitif. L'investissement initial est substantiel, mais la vie de la centrale est longue (approximativement 100 ans). Ceci fait partie du caractère de durabilité de l'hydroélectricité. Le coût du fonctionnement est bas. Les solutions financières doivent être trouvées pour faciliter l'investissement initial dans l'hydroélectricité dans les pays en voie de développement sans exiger que les propriétaires donnent des garanties qu'ils ne peuvent pas avoir.

Les énergies renouvelables telles que le solaire, l'éolien ou la biomasse ne peuvent répondre qu'à des besoins limités et ponctuels de la région des Grands Lacs, comme pour l'électrification rurale ou décentralisée. Elles ne constituent donc pas des alternatives sérieuses envisageables pour le projet de Ruzizi III.

Les impacts socio-environnementaux prévisibles liés à la construction et à l'exploitation de l'aménagement de Ruzizi III sont, dans leur intensité, limités à la zone du projet et de ses environs proches. Les impacts pendant la phase de construction pourront être évités ou atténués grâce aux mesures mises en place. Le bassin versant de la Ruzizi est déjà influencé par les aménagements hydroélectriques existants, ainsi que par l'occupation et l'utilisation intensive du sol. La pression humaine sur la zone du projet est distinctement perceptible. Avec le nombre restreint des personnes affectées et les possibilités de création d'emploi pour les populations locales, le projet est, du point de vue socio-environnemental, acceptable et recommandable.

L'opportunité que représente la réalisation du projet de Ruzizi III devrait attirer de 1500 à 3000 personnes dont 1000 à 2000 devraient quitter la zone à la fin des travaux. Cet afflux de populations est susceptible d'entraîner :

1. Une augmentation importante de la demande alimentaire avec le risque que la zone ne soit pas en mesure de répondre à la demande ;
2. Une augmentation de l'insécurité ainsi qu'une profonde modification des mœurs (apparition de la prostitution aux abords des chantiers) ;
3. Une insuffisance accrue et une saturation des services aux populations ;
4. L'augmentation des risques sanitaires, en particulier le développement des MST/Sida, l'apparition des pathologies d'urgence liées au chantier, et l'augmentation de la population vulnérable.

Les impacts du projet sur l'environnement peuvent être considérés comme étant faibles de façon générale. Étant donné que leur prévention et leur réduction ont été prises en compte dans l'évaluation, il ne reste donc que des impacts résiduaires pour lesquels il est nécessaire de déterminer des mesures de compensation et/ou de substitution telles que le prévoient la législation et la réglementation en vigueur. Ces mesures de compensation ont pour but de réduire à un niveau raisonnable et justifiable les dommages dus à la construction du nouvel aménagement.

Dans le cas présent, il est particulièrement difficile de définir des mesures de compensation. Il semble d'abord très difficile de procéder à des mesures à réaliser sur de grands espaces tels que le reboisement car la région subit dès à présent une pression démographique considérable qui se traduit par une utilisation agricole intensive des terres. Il faut souligner aussi qu'il n'y a que des forêts dont la valeur écologique ne nécessite en principe pas d'amélioration ou des terres agricoles dont la transformation en biotopes mettrait les exploitants dans une situation difficile.

BIBLIOGRAPHIE

Abdelhamid Belghit, Mustafa Belahmidi, Abdellah Bennis, Bouchra C. Boutaleb et Sauveur Benet, 1997. « Étude numérique d'un séchoir solaire fonctionnant en convection forcée », *Revue Générale de thermique*, volume 36, issue 11, December 1997, pages 837-850.

ADB, 2009. *Building a Sustainable Energy Future*, The Greater Mekong Subregion.

ADB/APEC, October 2009a. "Energy Outlook for Asia and the Pacific Electricity Authority of Cambodia (EAC), 2008", *Report on the Power Sector of the Kingdom of Cambodia for the Year 2007.*

AES-Sonel, 2003. *Perspectives dans le Secteur de l'électricité au Cameroun 2003-2008.*Yaoundé.

Allard J.-L., Bertheau Y., Drevon J.-J., Sezeo O. et Ganry F., 1983. « Ressources en résidus de récolte et potentialités pour le biogaz au Sénégal », « Resources of agricultural wastes and biogas potentialities in Senegal », *L'Agronomie tropicale*, ISSN 0151-1238, vol. 38, n°3.

Allen D. *et al.*, 2008. *Integrating people in Conservation Planning Stung Treng Ramsar Site.* IUCN Cambodia Country Office, Phnom Penh.

Allen D., Darwall W., Dubois M., Kimsreng K., Lopez A., McIvor A., Springate-Baginski O. et Try T., 2008. *Integrating people into conservation planning : An integrated assessment of the biodiversity, livelihood and economic implications of the proposed special management zones in the Stung Treng Ramsar Site*, Cambodia. IUCN Cambodia Country Office, Phnom Penh.

Amoding A. et Tenywa J.S., 2003. "Urban Crop Waste Utilization for Soil fertility improvement in a crop production system. Integrated effort for Advancing Soil Science and Management for Improved Agriculture and People's Livelihood". *Proceedings of the 20th Conference of the Soil Science Society of East Africa*, 2nd-6th December 2002. Mbale, Uganda.

Arkoub M. et R. Alkama, 2009. « L'énergie solaire électrique : grands projets et perspectives », *Revue des énergies renouvelables*, vol. 12 n°4 (2009) 641-648.

Arléry R., H. Grisollet, B. Guilmet, *1973. Climatologie, méthodes et pratiques,* Paris, Gauthier Vilars, 434 p.

Astrade L., 1998. « La gestion des barrages-réservoirs au Québec : Exemples d'enjeux environnementaux », *Annales de géographie*, 1998, volume 107, issue 604, pp. 590-609.

Augenbraun, H., E. Matthews *et al.* (1995). *The Global Methane Cycle*, Institute on Climate and Planets.

Azafzaf H. et Hamrouni H., 2002. *Observations ornithologiques effectuées dans les zones importantes pour la conservation des oiseaux (ZICO) et dans la région de Douz du 13 au 15 juillet 2001.* Association Amis des oiseaux/Groupement tunisien d'ornithologie (AAO/GTO).

Banque mondiale (2003). Mission Énergie de la Banque mondiale du 20 au 24 juillet 2003.

Bedecarrats J.P. et J.P. Dumas, 1996. "Study of the Crystallization of Nodules Containing a Phase Change Material for Cool Thermal Storage", International Journal of Heat and Mass Transfer, volume 40, issue 1, October 1996, pages 149-157.

Belle Philibosian, Thomas Fumal et Ray Weldon, 2011. "San Andreas Fault Earthquake Chronology and Lake Cahuilla History at Coachella", *California Bulletin of the Seismological Society of America*, February 2011, v. 101, p. 13-38.

Benallou A. et Rodot M. (sous la direction), 2002, *Photovoltaïque : l'électricité solaire au service du développement rural*, 2e édition, Paris, Systèmes solaires.

Bernard N., H. Ben Ahmed, B. Multon, C. Kerzreho, J. Delamare, F. Faure, "Flywheel energy storage systems in hybrid and distributed electricity generation", PCIM'03, Nürnberg, May 2003

Betterton, C. 1984. "Ecological studies on the snail hosts of schistosomiasis in the South Chad Irrigation Project Area, Borno State, northern Nigeria", *Journal of arid environments*, 7 : 43-57.

Bettinelli P., Avouac J.-P., Flouzat M., Bollinger L., Ramillien G., Rajaure S. et Sapkota S., 2008. "Seasonal variations of seismicity and geodetic strain in the Himalaya induced by surface hydrology". *Earth Planet. Sci. Lett.* 266 : 332-344, (DOI : 10.1016/j.epsl.2007.11.021).

Bieri Martin, Marcelo Leite Ribeiro, Jean-Louis Boillat, Anton Schleiss, Jean-François Villard, Frédéric Laugier, Alexandre Lochu, François Delorme, 2009. « Réhabilitation de la capacité d'évacuation des crues – Intégration de « PK-WEIRS » sur des barrages existants. »

Biney A., 2009. "Land grabs : Another scramble for Africa", *Pan-African Voices for Freedom and Justice*, 448, pp. 1-7.

Burdge R., 2004. "The Concepts, Process, and Methods of Social Impact Assessment : Rabel J. Burdge and Colleagues". Middleton, WI, USA : *Social Ecology Press.*

Charlier C. et G. Plomteux, 2002. "Environmental chemical pollution and risk of human exposure : the role of organochlorine pesticides", *Annales de biologie clinique*, volume 60, n° 1, 37-46, janvier-février 2002, revues générales.

Clark C., 1999. "The Future of Energy from the Perspective of the Social Sciences". US Department of Energy (DOE), Report.

Cole J. et N. Caraco, 2001. "Carbon in catchments : connecting terrestrial carbon losses with aquatic metabolism." *Marine Freshwater Resources* 52 : 101-110.

Comité Internationale des Grands Barrages (CIGB) (1995) – « Sur l'aménagement des réservoirs dans les bassins fluviaux », Yaoundé.

Corazón M. Siddayoo, 1990, "Energy investments and the environment", World Bank.

Corazón M. Siddayoo, 1994, "Energy investments and the environment". World Bank.

Corman J. C., "Gas Turbine Power Generation – Status and Environmental Considerations". ASME 95-CTP-29.

Coyne et Bellier (2002). *Moyens énergétiques pour le développement durable a l'horizon 2007/2015*. Douala, ALUCAM.

Cheneval Erwan, Ariane Adam-Poupart et Joseph Zayed, « La crise alimentaire, le développement durable et les biocarburants : perspectives d'avenir », *VertigO* - la revue électronique en sciences de l'environnement [En ligne], volume 11, numéro 1 | mai 2011, mis en ligne le 09 mai 2011. URL : http://vertigo.revues.org/10734 ; DOI : 10.4000/vertigo.10734.

Copinschi P. et P. Noël, 2005. « L'Afrique dans la géopolitique mondiale du pétrole », *Afrique contemporaine* 4/2005 (n° 216), p. 29-42.

Davis M. et Horvei T., 1995. *Handbook for the Economic Analysis of Energy Project*, Development Bank of Southern of Africa, South Africa.

De Gouvello C., 1994, « Programmes expérimentaux d'électrification rurale photovoltaïque : cahier des charges pour surmonter la contrainte économique et spatiale caractéristique des zones paysannes », *Revue de l'énergie*, n°464, décembre, pp. 679-690.

De Silva S.S., 2001. "Reservoir and culture-based fisheries : biology and management. Proceedings of an International Workshop". 15-18

February 2000, Bangkok, Thailand, ACIAR Proceedings N° 98, Canberra, Australia. 384 pp.
Deschiens R., 1970. « Les lacs de retenue des grands barrages dans les régions chaudes et tropicales, leur incidence sur les endémies parasitaires », *Bulletin de la société de pathologie exotique et de ses filiales*, 63 : 35-51.
Deschiens R., 1972. « L'incidence de la création des lacs de retenue des grands barrages africains sur les endémies parasitaires. Étude comparée du lac d'Akosombo sur la Volta Noire (Ghana) et du lac Nasser sur le Nil (Égypte, Soudan) », *Bulletin de la société de pathologie exotique et de ses filiales*, 65 : 240-263.
Dubois M., 2008. "Analysis of impacts on the aquatic environment". In Vattenfall (2008) *Final Cumulative Impact Assessment report for the Nam Ngum 3 Hydropower Project*. Vattenfall Power Consultant, Linköping, Sweden. 392 pages.
Dugan P., 2008. "Mainstream dams as barriers to fish migration : international learning and implications for the Mekong". *Catch and Culture* 14 ; 3 ; 9-15.
El Agbani M.A. et Dakki M., 2005. « Importance ornithologique du complexe des zones humides de la région de Smir ». In : Bayed A. et Scapini F. (éds.). *Écosystèmes côtiers sensibles de la Méditerranée : cas du littoral de Smir*. Trav. Inst. Sci., série générale n°4, pp. 61-64.
Essery I.T.S et Horner M.W., 1978. "The Hydraulic Design of Stepped Spilways". CIRIA Report N°.33, 2nd edition, Jan., London, UK.
Favennec Jean-Pierre *et al.*, « Agence française de développement et banque africaine de développement, l'énergie en Afrique à l'horizon 2050 », Paris 2009.
Fearnside P., 1995. "Hydroelectric Dams in the Brazilian Amazon as Sources of 'Greenhouse' Gases." INIST CNRS : 7-19.
Fenwick A., 1989. "Irrigation in the Sudan and schistosomiasis." In M.W. Service (ed), *Demography and Vector-Borne Diseases*. Boca Raton, FL : CRC Press, 333-351.
Foster R., 1967. "Schistosomiasis on an irrigated estate in East Africa. II. Epidemiology", *Journal of Tropical Medicine and Hygiene*, 70 : 159-168.
Freeman, A.M., III., 1993. *The Measurement of Environmental and Resource Values : Theory and Methods*. Washington, DC : Resources for the Future.
Friedl G. et A. Wuest, 2001. "Disrupting Biogeochemical Cycles - Consequences of Damming." *Aquatic Sciences* 64 : 55-65.
Fruget Jean-François et Jeanne Dessaix, 2003. « Changements environnementaux, dérives biologiques et perspectives de restauration

du Rhône français après 200 ans d'influences anthropiques », *Revue en sciences de l'environnement*, volume 4, numéro 3, décembre 2003.

Furnestin J. et Vincent A., 1955. « Persistance de la phase-migratoire chez l'Alose marocaine adaptée aux eaux douces ». C.R. Acad. sci. Paris, 240 : 355-357.

Furnestin J., 1952. « L'alose d'EI Kansera. Cas d'une adaptation totale d'une espèce anadrome aux eaux douces ». C.R. Acad. sci. Paris, 234 : 2018-2020.

Gagnon L., 2002. "IRN Statement on Emissions from Hydro Reservoirs : a Case of Misleading Science." Hydropower and Dams (Four) : 115-120.

Galy-Lacaux C., R. Delmas *et al.*, 1999. "Long-term Greenhouse Gas Emissions from Hydroelectric Reservoirs in Tropical Forest Regions." Global Biogeochemical Cycles 13(2) : 503-517.

Gergaud O., *Modélisation énergétique et optimisation économique d'un système de production éolien et photovoltaïque couplé au réseau et associé à un accumulateur*, thèse de l'ENS de Cachan, 9 décembre 2002.

Goodland R. et Edmurdson V. (eds), 1994. "Environmental Assessment and Development". World Bank. Washigton D.C.

Gosse P. et Grégoire A., 1997. « Dispositif de Désoxygénation Artificielle du Sinnamary à l'Aval du Barrage de Petit-Saut (Guyane) ». Hydroécol. Appl., Tome 9, n° 1-2, pp. 23-56.

Goubet A., 1992. « Évacuateurs de crues en marches d'escalier ». Jl La Houille Blanche, N°. 2/3, pp. 159-162. Discussion : N°. 2/3, pp. 247-248.

Gourène E.G, Teugels G.G, Hugueny B et Thys Van Den Audernaerde DFE, 1999. « Évaluation et conservation de la diversité ichtyologique d'un bassin ouest africain après la construction d'un barrage ». Cybium, (2) : 147-160.

Halls A.S. et M. Kshatriya, 2009. "Modelling the cumulative barrier and passage effects of mainstream hydropower dams on migratory fish populations in the Lower Mekong Basin" MRC Technical Paper No. 25. Mekong River Commission, Vientiane. 104 pp.

Hall A., I. Laria *et al.*, 1977. "The Zambezi River in Mozambique : The Physico-chemical Status of the Middle and Lower Zambezi prior to the Closure of Cahora Bassa Dam." *Freshwater Biology* 7 : 187-206.

Harris J. H. et Mallen-Cooper M., 1993. "Fish passage development in the rehabilitation of fisheries in mainland south-eastern Australia", p. 185-193. In Cowx I.G. (ed) *Rehabilitation of inland fisheries*. Oxford Fishing News Books, Blackwell Sci. Pubs.

Harsh K. Gupta, 2002. "A review of recent studies of triggered earthquakes by artificial water reservoirs with special emphasis on earthquakes in

Koyna, India", Elsevier, *Earth-Science Reviews*, volume 58, issues 3-4, October 2002, pages 279-310.

Havelský V., 1999. "Energetic efficiency of cogeneration systems for combined heat, cold and power production", *International Journal of Refrigeration*, volume 22, issue 6, September 1999, pages 479-485.

Hedges J., 1992. "Global Biogeochemical Cycles : Progress and Problems." *Marine Chemistry* 39 : 67-93.

Horeau V., Ph. Cerdan et A. Champeau, 1997. « La mise en eau du barrage hydroélectrique de Petit-Saut (Guyane) : ses conséquences sur les peuplements d'invertébrés aquatiques et sur la nourriture des poissons », Hydroécol. Appl. (1997) Tome 9, pp. 213-240.

Howarth, R.W. et S. Bringezu, 2009. *Biofuels : Environmental Consequences & Implications of Changing Land Use*, Gummersbach, Germany, SCOPE - CUL Initiatives in Publishing, 308 p.

ICBE, 2002. "Calculating Greenhouse Gases".

Ingérop, 1998. "Projet du Barrage de Lom Pangar ; Synthèse des études d'environnement". Yaoundé, Sonel.

International Energy Agency (IEA), www.iea.org/country/index.asp

International Finance Corporation, 2006. "International Finance Corporation's Performance Standards on Social & Environmental Sustainability" ; 30 April 2006.

Jackson D.C. et Marmulla G., 2001. "The influence of dams on river fisheries", p. 1-44. In Marmulla G. (ed.) 2001 "Dams, fish and fisheries - opportunities, challenges and conflict resolution". FAO Fisheries Technical Paper no. 419. Food and Agriculture Organization, Rome, Italy. 166 pp.

Jaumotte A., 1941. « L'utilisation de l'énergie solaire », *Ciel et Terre*, vol. 57, p. 371.

Jen-Hu Chang, 1972. *Atmospheric Circulation Systems and Climates, Atmospheric Circulation Systems and Climates*, Honolulu, The oriental Publishing Company, ix-328 p.

Jolankai Géza, 2007. « Les impacts de l'agriculture sur les ressources en eau et les voies de transfert par l'eau dans l'environnement », *Cahiers du Mouvement Universel de la Responsabilité Scientifique*, 1992, n° h. NS, p. 19-48.

Jutagate T., Lamkom T., Satapornwanit K., Naiwinit W., Petchuay C., 2001. "Fish species diversity and ichthyomass in Pak Mun reservoir, five years after impoundment". *Asian Fisheries Science* 14 ; p. 417-424.

Kachelewa M., Karume K., Kikanda J., Janssens N., Couvreur M. et Bagalwa M., 2007. « Détermination du niveau des pertes techniques et non techniques sur le réseau de distribution de l'énergie électrique à Bukavu et à Goma. »

Klaus Tietze, Mebus Geyh, Helmut Müller, Lothar Schröder, Wolfgang Stahl et Hermann Wehner, 1980. "The genesis of the methane in Lake Kivu (Central Africa)", *Earth and Environmental Science*, volume 69, number 2 (1980), 452-472, DOI : 10.1007/BF02104549.

Karume K., « Secteur énergétique, province du Sud-Kivu, état des lieux », 2010.

Karume K., "Overview of Energy Sector, South-Kivu Province", 2010.

Kouamelan E.P., 1999. *L'effet du barrage Ayamé (Côte d'Ivoire) sur la distribution et l'écologie alimentaire des poissons Mormyridae (Teleostei, Osteoglosidae).* Thèse de doctorat, université catholique de Louvain (Belgique) : 221 p.

Lamontagne Maurice, Yousef Hammamji et Veronika Peci, 2008. "Reservoir-Triggered Seismicity at the Toulnustouc Hydroelectric Project, Québec North Shore", *Canada Bulletin of the Seismological Society of America*, October 2008, v. 98, p. 2543-2552.

Larinier M. et F. Travade, 1999. « La dévalaison des migrateurs : problèmes et dispositifs », *Bull. Fr. Pêche Piscic.* (1999) 353-354 : 181-210.

Larnier M., 1983. « Guide pour la conception des dispositifs de franchissement des barrages pour les poissons migrateurs », *Bull. Fr. Piscic.* (1983) hors-série : 1-39.

Marie-Claude Bourdon, 2011. « Bilan de carbone réduit pour l'hydroélectricité », Journal *L'UQAM*, vol. XXXVIII, n° 1.

March P.A. et Fisher R.K., 1999. "It's not easy being green : environmental technologies enhance conventional hydropower's role in sustainable development." *Annual Review of Energy and the Environment.* 24 ; 173-188.

Marquet C., Levillain A., Davriu S. Laurent et P. Jaud, 1998. « Stockage d'électricité dans les systèmes électriques », Technique de l'ingénieur D4030 5- 1998.

Matsuzaki H. *et al.* "Development of Advanced Gas Turbines." ASME IGTI Conference. Birmingham, 1996.

Ministry of Energy and Mineral Development (MEMD), 2001. "Energy for Rural Transformation (ERT)", Environmental Social Management Framework (ESMAP).

Ministry of Energy and Mineral Development (MEMD), 2001. "Rural Electrification Strategy and Plan covering the period 2001 to 2010."

Mouhamadou Diakhaté, 1986. « Le barrage de Diama : essai sur l'évaluation de ses impacts potentiels », *Revue de géographie de Lyon*, 1986, volume 61, issue 61-1, pp. 43-61.

Nisbet M. et J. Verneaux, 1970. « Composantes chimiques des eaux courantes. Discussion et proposition de classe en tant que base d'interprétation des analyses chimiques », *Annales de Limnologie*, t. 6, fasc. 2, 1970, p. 161-190.

Norro M., 1998. *Économies africaines : analyse économique de l'Afrique subsaharienne*, De Boeck et Larcier S.A., deuxième édition, ISBN : 2-8041-2557-5.

Oldani N.O., Baigun C.R.M., Nestler J.M., Goodwin R.A., 2007. "Is fish passage technology saving fish resources in the lower La Plata River Basin ?" *Neotropical Ichthyology* 5 (2), 89-102.

Ouattara M., Diomande D., Boussou K.C. et Gourène G., 2010. « Stratégies de reproduction de *Marcusenius ussheri* (Pisces, Mormyridae) en fonction des conditions hydrologiques créées par la construction du barrage hydroélectrique d'Ayamé I sur le cours principal de la rivière Bia (Côte d'Ivoire) », Belg. J. Zool., 140 (1) : 11-19.

Oyono P.R et F. Lelo Nzuzi, 2006. « Au sortir d'une longue « nuit » institutionnelle, nouvelles transactions entre les politiques forestières et les sociétés rurales en R.D. Congo post-conflit », *Afrique et Développement*, vol. XXXI, n° 2, pp. 183-214.

Pannatier Y., 2010. *Optimisation des stratégies de réglage d'une installation de pompage-turbinage à vitesse variable*, thèse de doctorat, faculté des techniques de l'ingénieur, laboratoire de machines électriques, programme doctoral en énergie, école Polytechnique fédérale de Lausanne.

Pavillon J.F., « Problématique de la biodisponibilité des polluants dans les sédiments ». *Oceanis* 1990 ; 16 : 287-304.

Pereira W.P., Domagalski J.L., Hostettler F.D., Brown L.R., "Occurrence and accumulation of pesticides and organic contaminants in river sediment, water and clam tissues from the San joaquin river and tributaries", California. *Env Toxico Chem* 1996 ; 15 : 172-80.

Pham Trong Thinh, 2009. "National report on the findings and recommendations for social impact monitoring and vulnerability assessment in the Mekong Delta", Viet Nam. Draft final report for the Environment Program, Mekong River Commission, Vientiane, Lao PDR. 76 pp.

Ranganathan V., 1992. *Rural Electrification in Africa*, London, Zed Books.

Richard P. von Herzen, How-Kin Wong, Werner G. Deuser et Holger W. Jannasch, 1973. "Lake Kivu : structure, chemistry and biology of an East African rift lake", *Earth and Environmental Science*, volume 62, number 1 (1973), 245-277, DOI : 10.1007/BF01826830.

Richard S., A. Arnoux et P. Cerdan, 1997. « Évolution de la qualité physico-chimique des eaux de la retenue et du tronçon aval depuis le début de la mise en eau du barrage de Petit-Saut », Hydroécol. Appl. (1997), tome 9, pp. 57-83.

Richard S., Gregoire A., Gosse P., 2005. "The efficiency of an artificial weir in oxygenating and removing CH4 from water released from the Petit Saut hydroelectric dam (French Guiana)". *Revue des Sciences de l'eau.* 18 (spécial) : 127-141.

Ruhlé C., 1990. « Déclin et restauration de la population de truites lacustres (Salmo trutta lacustris L.) du lac de Constance », *Bull. Fr. Pêche Piscic.* (1990) 319 : 167-172.

Runge F.C. et B. Senauer, 2007. « Biocraburant : l'arnaque. Une menace pour la sécurité alimentaire. » *Courrier international*, 864, pp. 12.

Roule L., 1922. « La migration reproductive et la protandrie de l'alose feinte. » *Ann. Sci. nat (Zool.),* série 10, 5 : 61-76.

Saheb-Koussa D., M. Belhame et K. Benferhat, 2009. « Contribution à l'étude théorique du comportement d'un système hybride (éolien-photovoltaïque- diesel) de production d'électricité sans interruption », *Revue Internationale des sciences et technologies*, vol. 5, n° 1.

Saheb-Koussa D., M. Haddadi et M. Belhamel, 2010. « Étude de faisabilité et optimisation d'un système hybride (éolien – photovoltaïque – diesel) à fourniture d'énergie électrique totalement autonome », *Revue des sciences fondamentales et appliquées*, vol. 2, n° 1 (2010), p. 84-95.

Shichun Z., 2009. "Lancang River Hydropower Development : Environmental Protection & Hydropower SEA Exchange." Presentation to the SEA Team. General Institute of Hydropower & Water Resource Planning and Design. Nov 10, Kunming, China.

Simonis Philippe (GTZ-SEP Moroco), 1997. « Synthèse de l'expérience de différents pays et bailleurs de fonds en matière de maîtrise de l'énergie. »

Simpson D.W., W.S. Leith et C.H. Scholz, 1988. "Two types of reservoir-induced seismicity", *Bulletin of the Seismological Society of America.*

Sricharoendham B., Leelapatra W., Ratanachamnong D., Kaewjaroon P., Aimsab M., 2000. "Variation on fish community and catch of Sirindhorn Reservoir, Ubon Ratchanthani Province." Technical Paper No. 206. National Fisheries Institute, Department of Fisheries, Thailand, 28 pp.

Sundqvist T., 2002. *Power Generation Choice in the Presence of Environmental Externalities.* PhD thesis. Department of Business Administration and Social Science, Division of Economics, Lulea University of Technology, Sweden.

Tangermann S., 2007. « Biocarburants et sécurité alimentaire », *Économie rurale* [en ligne], mis en ligne le 12 novembre 2009, http://economierurale.revues.org/index2260.html

Tathy J. et B. Cros, 1992. "Methane Emission from Flooded Forest in Central Africa." *Journal of Geophysical Research* 97 (D6) : 6159-6168.

The Equator Principles, 2006. "A financial industry benchmark for determining, assessing and managing social & environmental risk in project financing" ; www.equator-principles.com.

Tirel J.C., 1979. « Influence des choix énergétiques quant aux rôles futurs de l'agriculture », *Économie rurale*, volume 133, issue 133, pp. 8-12.

Treca B., 1990. *Régimes et préférences alimentaires d'Anatidés et de Scolopacidés dans le delta du Sénégal. Étude de leurs capacités d'adaptation aux modifications du milieu. Exploitation des milieux cultivés.* Thèse de doctorat en sciences de la vie, Paris, Muséum national d'Histoire naturelle, 207 p.

UIPE, 2000. "Sustainable Energy for Development of Uganda in the 21st century." The fifth National Technology Conference.

Ugarte De La Torre, D., L., He, 2007, Perspective : Is the expansion of biofuels at odds with food security ? Biofuels, Bioproducts & Biorefining, 1, pp. 92-102.

United Nations, 1990. "Environmental Impact Assessment, Guidelines for water Resources Development." ESCAP – Environment and Development Service. UN, New York.

Varfalvy L. et Z. Jegier, 1974. « Formation photochimique d'oxydants dans l'atmosphère urbaine de Montréal », volume 3, issue 1, February 1974, pages 35-40.

Vidthayanon C., 2008. *Field guide to fishes of the Mekong Delta.* Mekong River Commission, Vientiane, Lao P.D.R. 288 pp.

Viers G., 1968. *Éléments de climatologie*, Paris, Nathan, collection Fac, 224 p.

Walmsley B et Tshipala K.E., 2007. *Handbook on Environmental Assessment Legislation in the SADC Region.* Published by the Development Bank of Southern Africa in collaboration with the Southern African Institute for Environmental Assessment. Midrand, 420 p.

WCD, 2000. "Energy supply and demand side management options, Thematic Review", Secretariat of the World Commission on Dams, Cape Town, SA.

World Bank, 2000. *World Development Report 2000/2001.* Washington, D.C.

World Bank, 2001. *World Development Report 2002.* Washington, D.C.

World Commission on Dams, 2000. "Hydropower and Climate Change ; Parts 1 to 4." Bonn,WCD : 5.

TABLE DES MATIÈRES

Grands Lacs

Collection fondée et dirigée par le Professeur Dr. Jean Jacques S. Purusi
avec l'appui technique
du Comité International pour la Gestion des Conflits (ICCM)

Le Réseau pour la Consolidation de la Paix en Afrique Centrale (RECOPAC), Central African Network for Peacebuilding (CANEP) est une Organisation Non-Gouvernementale de droit congolais. Elle regroupe des organisations membres agissant à la base ainsi que des institutions publiques, des ONG, des experts et des citoyens indépendants ainsi que des acteurs de la société civile au niveau local et régional, etc. Elle a son siège social à Bukavu, dans la province du Sud-Kivu en République Démocratique du Congo (RDC). RECOPAC focalise ses interventions sur le renforcement des capacités des partenaires locaux, la sensibilisation à travers les enseignements et la recherche, l'appui en matière de promotion et de protection des droits humains, de démocratie et de bonne gouvernance, des droits humains de la femme, de l'égalité du genre, de la protection des droits des groupes vulnérables, de la protection de l'environnement, la gestion, la prévention et la transformation des conflits dans l'ensemble de la région d'Afrique centrale.
RECOPAC collabore avec des Universités, des Centres de recherche, des organisations de la société civile, des institutions de l'Etat, des organisations internationales, notamment l'ONU, des ONG, des associations de femmes, des droits humains, de développement, etc. aussi bien au niveau local, régional qu'international.
RECOPAC exécute deux grands programmes, à savoir :

a. Programme d'Appui, de réhabilitation et de réinsertion des Victimes des Violences Sexuelles et des Violences basées sur le genre (« Projet ECOUTES »). L'exécution de ce programme est précédée d'une recherche scientifique, et d'une série de sensibilisation et de plaidoyer dans les zones les plus affectées par les conflits armés à l'Est de la RDC (notamment dans les zones militarisées environnant le Parc National de Kahuzi-Biega, l'aéroport de Kavumu, les zones de Walungu/Kabare, et les zones frontalières sur l'axe Uvira-Fizi-Kamanyola-Sangé, Kiliba, etc. Le programme consiste à l'établissement des réseaux et des points focaux dans des zones très militarisées, l'identification des victimes à travers ces réseaux, l'identification des partenaires d'appui (Centres de Santé, hôpitaux, acteurs clés) dans les zones touchées (dans une logique de proximité des interventions), au transport et à l'orientation et la prise en charge médicale, socio- psychologique des victimes. RECOPAC organise aussi le suivi juridique des cas et envisage aussi de travailler sur la perspective d'une réinsertion socio-économique des victimes desdites violences.

b. Le « programme d'appui à la démocratisation du savoir par la recherche, la publication et la diffusion du Livre dans la région des Grands Lacs Africains comme stratégie d'appui aux efforts de promotion et de protection des droits humains, de reconstruction post-conflit et de développement en Afrique Centrale.

Ce programme est exécuté par RECOPAC en partenariat avec la maison d'édition L'Harmattan-Paris (Programme RECOPAC-L'Harmattan Grands Lacs ») et de l'expertise du Comité International pour la Gestion des Conflits (ICCM-Bruxelles).

Ce programme est entièrement autofinancé et comporte trois volets :

a. Publications locales
Ce volet consiste à sensibiliser et à mobiliser des compétences et des ressources locales afin de les mettre à profit pour donner une opportunité aux acteurs de la société civile, aux chercheurs, étudiants, enseignants, aux associations locales aussi bien dans des zones rurales que dans les zones urbaines, à la masse populaire mais aussi aux décideurs politiques, aux partenaires internationaux impliqués dans la recherche des solutions aux problèmes qui se posent dans cette région, une opportunité de pouvoir publier leurs travaux, leurs idées, leurs expériences, et de les faires connaitre à travers le monde.

b. Diffusion du livre
Le second volet du programme consiste à faire venir des ouvrages traitant des problématiques intéressant et affectant le vécu quotidien des citoyens, dans des pays affectés par des conflits, à des conditions très accessibles à une très large majorité des citoyens. Ceci encouragera les citoyens à reprendre goût à la lecture, à savoir ce qui se passe ailleurs, et à faire connaitre leurs travaux au niveau local, régional et international.

c. La réduction de la fracture numérique par la formation et le transfert de technologie
Cette dimension du projet consiste à procurer une formation dans les domaines de la conception, de la gestion et de l'édition au bénéfice des jeunes des pays affectés par des conflits. Cette formation, prise en charge par le projet au niveau local, est effectuée par les Editions

L'Harmattan à Paris. Cette formation qui se poursuivra chaque année permettra à ce que des publications soient faites au niveau local, par des populations locales et diffusées dans l'ensemble du pays et de la région.

Les publications produites dans le cadre du programme RECOPAC/L'Harmattan Grands Lacs sont fabriquées et diffusées mondialement par les Editions L'Harmattan. La distribution au niveau local et régional est coordonnée par RECOPAC et son réseau partenaire.

Type de publications

Le Programme « RECOPAC-L'Harmattan Grands Lacs » publie des travaux de recherches (sous forme d'ouvrages, cours, articles, biographies, histoires vécues, monographies, essais, roman, etc.). Des programmes audiovisuels, des images, des manifestations socioculturelles font aussi partie de sa production. Le but étant de contribuer efficacement à améliorer le quotidien des acteurs concernés et à mieux faire connaitre le potentiel, les ressources , les capacités et les efforts de changement en cours et en perspective dans les pays touchés par des conflits et engagés dans une phase de reconstruction et du développement intégral et intégré.

Collections

Le programme comporte plusieurs collections en rapport avec le contexte régional. Parmi celles-ci, il y a lieu de mentionner : « Sciences et Vie », « Genre et Droits Humains de la Femme », « Gestion et Transformation des Conflits », « Reforme du Secteur de la Sécurité », « Terre, Eaux et Forets », « Droits Humains et Conflits », « Histoires vécues », « Femme, Paix et Sécurité», « Reconstruction et Développement », « Histoire, Culture et Traditions », « Dynamiques régionales », « Dynamiques Internationales », « Ressources Naturelles, Développement et Conflits », etc.

Le Comité International pour la Gestion des Conflits (CIGC) ou « International Committee for Conflict Managment » (ICCM) est une organisation internationale de droit belge. Fondée en 1996, ICCM a son siège à Bruxelles. L'organisation intervient essentiellement dans des zones affectées par des conflits armés et des défis multiformes. Son travail consiste ICCM apporte un appui aux acteurs intervenant dans des zones en conflits, en leur apportant une expertise à travers des missions

d'identification et de faisabilité des projets, la conception, le suivi, l'évaluation et l'audit. L'élaboration, le suivi et l'évaluation des modules de formation et d'enseignements dans les domaines de la paix, les droits humains, le genre et les droits humains de la femme, la gestion, la résolution et la prévention des conflits, l'éducation à la paix, la reforme du secteur de la sécurité, la démocratie et les droits humains. Durant ces dernières années, ses interventions se sont focalisées sur la région des Grands Lacs, l'Afrique de l'Est et l'Afrique de l'Ouest.
ICCM diffuse les résultats de ses recherches et de ses activités sous forme d'ouvrages, d'articles, d'enseignements, de sensibilisation médiatique, de plaidoyers et d'actions de terrain avec ses partenaires dans des zones d'action, et de collaborations diverses.

Adresse :

Programme RECOPAC/L'Harmattan Grands Lacs
Réseau pour la Consolidation de la Paix en Afrique Centrale (RECOPAC)
Avenue Patrice Emery Lumumba, n. 88 (En face de l'Hôtel Résidence)
Commune d'Ibanda, Ville de Bukavu, Province du Sud-Kivu
République Démocratique du Congo (RDC)

Contacts :

Tel. : 00 243 99 77 4 990 / 00 243 99 465 8 999
Maitre Gisèle Mugaruka. Courriel : giselemugaruka@yahoo.fr
Mme Maryam Matisho. Courriel : mariamu2010@yahoo.fr
Prof. Jean Jacques S. Purusi. Courriel : purusi2020@yahoo.com
Prof. Roman Kanege. Courriel : romank29@yahoo.com

L'Afrique

aux éditions L'Harmattan

Dernières parutions

CHANGEMENTS DÉMOGRAPHIQUES ET DÉVELOPPEMENT DURABLE EN AFRIQUE
Vimard Patrice, Fassassi Raïmi
L'ouvrage situe tout d'abord les grandes lignes de la démographie du continent. Puis, après avoir replacé les débats relatifs aux politiques de population et de développement dans le contexte africain, les relations entre croissance démographique et développement sont analysées. Un ouvrage important pour mieux comprendre ce que sera l'avenir du continent.
(Coll. Etudes africaines, 13.50 euros, 120 p.)
ISBN : 978-2-296-99837-7, ISBN EBOOK : 978-2-296-53109-3

RÉVOLUTION CULTURELLE ET DÉVELOPPEMENT EN AFRIQUE
Kaputa Lota José - Préface de Pierre Mutunda Mwembo
Actuellement, la lutte entre l'Occident et l'Afrique est avant tout une lutte culturelle, et il est évident que l'on ne peut pas se développer avec une culture d'emprunt. Si l'Africain désire réellement le développement intégral et harmonieux de son continent, il doit entreprendre une révolution culturelle contre le néocolonialisme et les mentalités rétrogrades enkystées dans sa propre culture.
(Coll. Etudes africaines, 18.00 euros, 186 p.)
ISBN : 978-2-336-00929-2, ISBN EBOOK : 978-2-296-53123-9

ARTISANAT ET DÉVELOPPEMENT EN AFRIQUE DE L'OUEST
Kouassi Adack Gilbert
Est-il possible d'envisager, à notre époque, une politique de développement qui exclue toute émergence artistique ou culturelle du peuple concerné ? En d'autres termes, quel est l'apport de l'art dans le développement d'un pays comme la Côte d'Ivoire ? L'art actuel de l'Afrique doit être la synthèse conjuguée des arts traditionnels et modernes, sans toutefois ignorer l'un et l'autre dans sa spécificité.
(Coll. Harmattan Côte-d'Ivoire, 14.00 euros, 136 p.)
ISBN : 978-2-336-29285-4, ISBN EBOOK : 978-2-296-53082-9

CONFLITS (LES) ARMÉS AFRICAINS DANS LE SYSTÈME INTERNATIONAL
Transnationalisme ethnique et États dans la Corne de l'Afrique – 1961-2006
Mashimango Abou-Bar Abelard - Préface de Julian Fernandez
Étudier le phénomène des guerres contemporaines qui sévissent en Afrique exige une analyse historique, sociologique et politique fondée sur une approche

multidisciplinaire de la polémologie et une culture géopolitique de l'Afrique néocoloniale, coloniale et postcoloniale. Cette étude s'articule autour des fondamentaux de l'approche transnationaliste et de la théorie de l'ethnicité.
(Coll. Études africaines, 45.00 euros, 450 p.)
ISBN : 978-2-336-29214-4, ISBN EBOOK : 978-2-296-53069-0

ÉLITES ET COMPROMISSIONS EN AFRIQUE
Légitimation d'un système et sous-développement au Gabon
Toung Nzue Jérôme - Préface de Bernardin Minko Mve
Comment comprendre et expliquer la perpétuation du système Bongo, alors que son bilan socio-économique est aux antipodes des potentialités énormes dont dispose le Gabon ? Cet ouvrage est une analyse sociopolitique d'un système politique, et l'auteur décortique et critique ce système dont le processus de légitimation n'a fait que compromettre l'élite gabonaise.
(Coll. Études africaines, 22.00 euros, 218 p.)
ISBN : 978-2-296-99358-7, ISBN EBOOK : 978-2-296-53095-9

PENSER ET GÉRER LA DIVERSITÉ EN SOCIÉTÉ : REGARDS SUR L'AFRIQUE
Sous la direction de Prum Michel, Vircoulon Thierry, Mattioli Marie-Annick, Cros Bernard
Dans nos sociétés postmodernes, la diversité est devenue la principale grille de lecture sociologique, en même temps qu'un enjeu politique de premier plan. La diversité en société peut être pensée à travers différentes catégories. Ce livre concentre l'analyse sur l'Afrique, tout en conservant un contrepoint européen afin de mettre en évidence les variations géographiques du concept.
(Coll. Racisme et eugénisme, 18.00 euros, 179 p.)
ISBN : 978-2-343-00187-6, ISBN EBOOK : 978-2-296-53056-0

ART CHRÉTIEN AFRICAIN – Caractéristiques et enjeux
Cakpo Erick
Quelles sont les caractéristiques de l'art chrétien africain ? Les chrétiens africains doivent-ils disposer d'un art sacré de facture locale ? Cet ouvrage inscrit l'art chrétien africain dans le débat actuel de l'inculturation du message chrétien en Afrique.
(Coll. Études africaines, 22.00 euros, 222 p.)
ISBN : 978-2-336-29181-9, ISBN EBOOK : 978-2-296-53225-0

PÉTAUDIÈRE (LA) COLONIALE
Canu Adrien-Henri
Présentation de Boris Lesueur avec la collaboration de Roger Little
Les dénonciations des scandales nés des relations entre la France et le continent africain ne sont pas neuves. Dès la conquête, ce qui se passait aux colonies était scandaleux : népotisme, corruption, prévarication, incompétence... tous les vices de la République se répandaient outre-mer, créant une vraie pétaudière ! Le réquisitoire d'A. H. Canu n'épargne personne, ni la Marine, ni le tout nouveau ministère des Colonies, ni le lobby colonial et son personnage emblématique Eugène Étienne.
(Coll. Autrement mêmes, 24.00 euros, 196 p.)
ISBN : 978-2-343-00210-1, ISBN EBOOK : 978-2-296-51713-4

PARTENAIRES EN DÉVELOPPEMENT ET RÉDUCTION DE LA PAUVRETÉ EN AFRIQUE NOIRE
Amouzou Essè
Cet ouvrage jette un regard assez sceptique sur la lutte contre la pauvreté. Cette démarche humaniste qui est récurrente dans les discours des grands décideurs mondiaux et des organismes internationaux tranche étrangement avec la persistance de la pauvreté dans les sociétés du Tiers Monde. Le contraste se trouve ici éludé par une exploration objective des ressorts opaques des mécanismes financiers et des relations peu transparentes entre le Nord et le Sud.
(Coll. Études africaines, 27.00 euros, 270 p.)
ISBN : 978-2-336-00230-9, ISBN EBOOK : 978-2-296-51700-4

DÉMOCRATIE (LA) À L'ÉPREUVE DU RÉGIONALISME EN AFRIQUE NOIRE
Amouzou Essè
Cet ouvrage fait le bilan analytique des expériences africaines du multipartisme amorcé à l'entrée de la décennie 1990. Il relate les dominances événementielles des révolutions démocratiques en Afrique subsaharienne. Les grandes tendances de cette période résident dans les conférences nationales, l'adoption de constitutions démocratiques et des élections comme mode de dévolution du pouvoir. L'élément identitaire qui va miner les expériences démocratiques en Afrique noire est mis en exergue.
(Coll. Études africaines, 23.00 euros, 222 p.)
ISBN : 978-2-336-00267-5, ISBN EBOOK : 978-2-296-51699-1

IMPUNITÉ
Jusqu'où l'Afrique est-elle prête ?
Cours Nouveau, Revue africaine trimestrielle de stratégie et de prospective 9, 10, 2013
L'attitude toute récente de l'Afrique et des Africains de poursuivre en Afrique même, les leaders et les dirigeants convaincus de crimes contre l'Humanité, exprime une inversion de tendance qu'il y a lieu de soutenir et d'élargir, pour les portes qu'elle ouvre comme pour les nouvelles lignes d'horizon de pensée et d'action qu'elle laisse entrevoir. Voici donc venu le temps de repenser les questions stratégiques de l'Afrique, à commencer par celle des futurs Africains, en rapport avec l'action.
(37.00 euros, 356 p.)
ISBN : 978-2-343-00208-8, ISBN EBOOK : 978-2-296-51626-7

QUI MENACE LA PAIX ET LA STABILITÉ EN AFRIQUE ?
Yomba Ngué Roger - Préface d'Emmanuel Argo
L'Afrique a malheureusement été le théâtre de nombreux conflits, dus au legs de la période coloniale et de la traite négrière, mais aussi à cause des répercussions des migrations incontrôlées, de l'injustice sociale, de la corruption, de l'autoritarisme des dirigeants etc. Le plus important, c'est l'enseignement qu'on en tire et les décisions que l'on prend pour en sortir afin de construire un avenir plus probant et prometteur pour les générations futures.
(Coll. Harmattan Côte-d'Ivoire, 26.50 euros, 268 p.)
ISBN : 978-2-336-00607-9, ISBN EBOOK : 978-2-296-51543-7

CULTURES VIRILES ET IDENTITÉ FÉMININE
Essai sur le genre en Afrique subsaharienne
Djombe Calvin Thomas
Le principe mythologique et cosmogonique africain implique des constructions religieuses, imaginaires qui fondent une puissance virile symbolique. Son pouvoir induit une injonction à la stigmatisation de la femme. Le projet d'une philosophie féministe africaine suppose de repenser, de reconcevoir l'ensemble des paradigmes de cette société ; il traduit une volonté de déconstruction de ces conditions assujettissantes pour déboucher sur la reconstruction autonome de l'identité féminine.
(Coll. Etudes africaines, 32.00 euros, 236 p.)
ISBN : 978-2-336-29147-5, ISBN EBOOK : 978-2-296-51623-6

PRÉOCCUPATIONS ENVIRONNEMENTALES ET DROIT DE L'ENTREPRISE DANS L'ESPACE OHADA
Tairou Yafradou Adam
Prévu pour promouvoir les investissements en Afrique à travers la sécurisation juridique et judiciaire des activités économiques, et non pour protéger l'environnement, l'analyse des instruments que le droit OHADA développe fait ressortir qu'ils peuvent favoriser la protection de l'environnement tant par l'entreprise *in bonis* que par l'entreprise en redressement puis en liquidation judiciaires.
(Coll. Études africaines, 41.00 euros, 432 p.)
ISBN : 978-2-296-99391-4, ISBN EBOOK : 978-2-296-51723-3

MANIFESTE DE LA RENAISSANCE AFRICAINE
Entre la mémoire et la prophétie
Dessinga Giscard Kevin
Restituer l'histoire aux générations africaines montantes, établir la part de responsabilité historique des uns et des autres, poser le problème de l'Afrique en termes de responsabilité partagée et, enfin, lancer un SOS pour que l'Afrique devienne la première préoccupation des Africains et de tous ceux qui aiment l'Afrique... c'est offrir aux nouvelles générations les armes dont elles ont besoin pour envisager le futur, sans complexes mais avec détermination, lucidité et dignité.
(Coll. Harmattan Italia, 14.00 euros, 88 p.)
ISBN : 978-2-336-00032-9, ISBN EBOOK : 978-2-296-51610-6

COMPRENDRE LA GOUVERNANCE
Hatcheu Tchawe Emil
Cet ouvrage est une contribution à la compréhension et à la pratique du «vivre ensemble» et du «gérer ensemble» en toute transparence. Les mutations de la société contemporaine, les crises qui ébranlent les certitudes et les acquis, l'émergence de nouveaux acteurs qui exigent d'être pris en compte dans la gestion des affaires qui les concernent, sont autant de motifs qui imposent que le concept de gouvernance soit revisité en permanence.
(Coll. Harmattan Cameroun, 18.00 euros, 168 p.)
ISBN : 978-2-336-00927-8, ISBN EBOOK : 978-2-296-52996-0

L'HARMATTAN, ITALIA
Via Degli Artisti 15; 10124 Torino

L'HARMATTAN HONGRIE
Könyvesbolt ; Kossuth L. u. 14-16
1053 Budapest

ESPACE L'HARMATTAN KINSHASA
Faculté des Sciences sociales,
politiques et administratives
BP243, KIN XI
Université de Kinshasa

L'HARMATTAN CONGO
67, av. E. P. Lumumba
Bât. – Congo Pharmacie (Bib. Nat.)
BP2874 Brazzaville
harmattan.congo@yahoo.fr

L'HARMATTAN GUINÉE
Almamya Rue KA 028, en face du restaurant Le Cèdre
OKB agency BP 3470 Conakry
(00224) 60 20 85 08
harmattanguinee@yahoo.fr

L'HARMATTAN CAMEROUN
BP 11486
Face à la SNI, immeuble Don Bosco
Yaoundé
(00237) 99 76 61 66
harmattancam@yahoo.fr

L'HARMATTAN CÔTE D'IVOIRE
Résidence Karl / cité des arts
Abidjan-Cocody 03 BP 1588 Abidjan 03
(00225) 05 77 87 31
etien_nda@yahoo.fr

L'HARMATTAN MAURITANIE
Espace El Kettab du livre francophone
N° 472 avenue du Palais des Congrès
BP 316 Nouakchott
(00222) 63 25 980

L'HARMATTAN SÉNÉGAL
« Villa Rose », rue de Diourbel X G, Point E
BP 45034 Dakar FANN
(00221) 33 825 98 58 / 77 242 25 08
senharmattan@gmail.com

L'HARMATTAN TOGO
1771, Bd du 13 janvier
BP 414 Lomé
Tél : 00 228 2201792
gerry@taama.net

Achevé d'imprimer par Corlet Numérique - 14110 Condé-sur-Noireau
N° d'Imprimeur : 99514 - Dépôt légal : juillet 2013 - *Imprimé en France*

www.ingramcontent.com/pod-product-compliance
Lightning Source LLC
LaVergne TN
LVHW051629071026
849535LV00009BA/3508
* 9 7 8 2 3 3 6 3 0 1 0 4 4 *